极简主义

李少聪 著

中国华侨出版社

·北京·

图书在版编目（CIP）数据

极简主义 / 李少聪著 . —北京 : 中国华侨出版社，
2022.2（2024.1 重印）

ISBN 978-7-5113-8677-9

Ⅰ . ①极… Ⅱ . ①李… Ⅲ . ①生活方式 – 通俗读物
Ⅳ . ① C913.3-49

中国版本图书馆 CIP 数据核字（2021）第 238308 号

极简主义

著　　者：李少聪
责任编辑：黄振华
封面设计：韩　立
文字编辑：许俊霞
美术编辑：刘欣梅
经　　销：新华书店
开　　本：880mm×1230mm　1/32 开　印张：7.5　字数：170 千字
印　　刷：河北松源印刷有限公司
版　　次：2022 年 2 月第 1 版
印　　次：2024 年 1 月第 2 次印刷
书　　号：ISBN 978-7-5113-8677-9
定　　价：38.00 元

中国华侨出版社　　北京市朝阳区西坝河东里77号楼底商5号　　邮编：100028
发 行 部：（010）58815874　　传　　真：（010）58815857
网　　址：www.oveaschin.com　　E－m a i l：oveaschin@sina.com

如果发现印装质量问题，影响阅读，请与印刷厂联系调换。

打开衣柜门，哗！一堆衣服涌了出来；拉开抽屉，各种杂物纠缠在一起；翻开储藏室的箱子，一股霉味扑鼻而来……即便我们的房间已经拥挤不堪，但我们依然沉迷于买买买，坚持不懈地往家里囤货。

但是，这些拥有真的让我们更幸福了吗？那些根本用不上的物品，不仅需要耗费我们大量的时间和精力去打理，而且占据了大量的空间，让我们在剩下的狭窄空间里感到窒息。最后，物品没有服务于我们，我们反而成了服务物品的奴隶。

太多的物品反而是负累，其实，人真正所需的东西并不多。苹果之父史蒂夫·乔布斯一直推崇"少即是多"的生活理念，提倡极简主义。他不仅在生活中践行极简主义，数十年只穿黑色上衣搭配牛仔裤，也将这种理念渗透苹果产品的设计中，其核心理念就是"简洁"。

极简主义是一种生活态度，旨在减掉生活的枝枝蔓蔓，保留纯粹的生活所需，简化精神生活。它如一股清流，慢慢净化人的内心，使人挣脱物质与欲念的羁绊，获得前所未有的快乐和自由。

极简主义首先要精简的就是内心的物欲。有时候，面对琳琅满目的商品，我们只是想要，而非需要。如果执着于想要的，烦恼只会越来越多，因为再多的物品也无法让你满足。不如在物欲横流的冲击中去探索内心真正需求的东西，拥有的少却更能让你过上清爽精致的生活。

极简主义精简的不只是物欲，还有社交。社交极简是拒绝蹉跎光阴的无效社交。那些酒肉朋友，负能量满满的人，容易让你堕落的人必须果断远离。正所谓，"无质量或低质量的交友还不如提升自己，做高质量的独处"。余生很贵，不必讨好所有人，只需和让自己舒服的人在一起就够了。

目录

CONTENTS

第一章
物欲极简，放下对物的执念

为什么你不知不觉买了一堆无用的东西 002

暂时拥有的物质，并不能带来持久的安全感 005

你占有得越多，失去的自由也就越多 009

"买买买"，不会让你变得更幸福 011

那些稀奇古怪的收藏癖 015

囤积症：疯狂囤货舍不得扔 018

重新审视自己与物品的关系 021

问问自己：你真的需要那么多吗 024

第二章
社交极简，更多地关注自己

不必费心费力去应付无效社交 030

与其挖空心思经营人脉，不如提升自己 033

拒绝 ≠ 绝交，不喜欢就干脆拒绝....................036

你还在假装自己很合群吗....................039

越是讨好别人，人际关系反而越差....................043

总有些人走着走着就散了，那就随他去吧....................045

永远不和烂人纠缠，因为不值得....................049

这是你的人生，你不欠任何人一个解释....................052

余生很贵，和相处舒服的人在一起....................055

第三章
信息极简，有选择地吸收

信息焦虑症你有吗....................060

不刷娱乐新闻的人更优秀....................063

删选 App，清减订阅号....................066

减少对社交软件的依赖....................069

世界一流的人才，都钟情于冥想....................072

享受专注，把手机放在五步之外....................076

告别碎片化阅读，拿起一本书....................079

知识焦虑时代，学得越少，收获越大....................082

第四章
工作极简，拯救被分散的注意力

利用断舍离思维整理办公桌面....................086

职场上的"断舍离"，从整理电脑文件开始 089

职场流行的番茄钟，如何利用 092

轻重缓急要分清，先做最重要的事 095

如何从职场琐事中挣脱出来 098

一次只做一件事，并做到最好 101

学会拒绝，否则累死还不落好 104

第五章
思维极简，挖掘问题的本质

不被表象迷惑，找到真正的问题所在 108

善问为什么，挖掘问题的关键 111

构建思维金字塔模型，让思维更清晰 114

逻辑树分析法帮你厘清思路 118

化繁为简，将复杂的问题简单化 122

抛弃经验，跳出常规思维的陷阱 126

第六章
情感极简，只爱对的那个人

有些人，爱得再深也不必等 132

对不喜欢的人，越早拒绝越好 135

一个不爱你的人，就别再强求了 139

暧昧是最危险的关系 143

你放不下的不是对方，而是自己的执念 146

及时止损，别被爱情中的"沉没成本"套牢 150

被分手，不要纠缠，更不要作践自己 153

最对的爱，要给值得珍惜的人 157

第七章
目标极简，瞄准一个点就足够

首先搞清楚，自己到底要什么 162

从众多目标中，选择适合自己的 165

选择太多，未必是好事 168

只做正确的事，拒绝无效忙碌 172

参照二八法则，把最重要的事做好 175

为了长远目标，要毫不犹豫放弃眼前的利益 178

第八章
情绪极简，扔掉不必要的烦恼

换个角度和想法，你就不生气了 182

放弃喜欢每个人的幻想 185

接纳坏情绪，然后告诉它你不需要它 188

不必过度担忧 190

当你越努力越焦虑，最好的治愈是专注当下 193

试着把烦恼写下来：有针对性地调整现状 196

正念练习：避免陷入消沉...........................200

第九章
饮食极简，停止做食物的奴隶

坚持七八分饱，避免摄入过多热量....................204

无肉不欢，但也要适度而行.........................207

戒掉暴饮暴食，避免付出惨重代价....................210

饮食清淡，在原味中品味臻美.......................213

抛弃复杂的烹饪方法..............................217

远离各种饮料，喝白水更健康.......................221

轻断食，让你健康地瘦下来.........................224

第一章

物欲极简，放下对物的执念

▎为什么你不知不觉买了一堆无用的东西

打开衣柜，你一定能发现一件甚至多件久已不穿的衣裳。打开厨房，里面也会有一些厨具布满灰尘。再看看储藏室里，是不是还有一些带包装的物品，而你都忘记到底是什么时候买的了。

我们为什么会花钱买这么多无用品呢？各种节假日、周年庆、季节变换……商家总能找到名目做促销，"跳楼价""撤店狂甩""限时抢"，让人一时难有招架之力。好像不买，就会错过1000万元似的。因为便宜，我们产生了购买的欲望，随之关注的重点便不再是这件物品对我们是否有用，因为它吸引我们的是价格。我们往往会想：无论有用没有，这么便宜，先买下再说。于是，我们囤积了一堆看起来超值却根本用不上的物品。

周彤周末去看望独居的母亲，在冰箱里发现了一管特大号的蛋黄酱，已经过期了。她便问母亲为何买这么一大管？母亲说因为这样的便宜15元钱，而普通款的没有折扣。周彤说："大号的是便宜，但我问的是，普通款的你可以一个人吃完，这个特大号的在冰箱里放到过期还没吃完，岂不是更不划算？"

除去贪图小利，很多人还会通过"买买买"来减压。刚过完"双11"，周莹就发了个朋友圈，说自己"因为不开心，购买平台上一股脑下了67个单！下个月要'吃土'了"。配图是"双11"支出2万元的截图。因为时间和空间的限制，压力来临的时候，很多人都拿"买买买"来"撒气"。加班了，身心疲惫，逛购物网站剁手几条裙子犒劳一下自己。和男朋友分手了，失落又愤怒，清空所有购物车才能平静自己满怀愁怨的内心。工作任务完成不顺，被老板骂得狗血淋头，只好买些装备在游戏中酷炫。

　　我们时常会经历愤怒、悲伤、挫败、焦虑等消极情绪，它们在消耗我们能量的同时，也会膨胀一些欲望。当我们的内耗到了一个临界值时，"买买买"就是对自己的奖励和补偿。这个过程会引起大脑的应激反应——它会拉响警铃，启动一系列变化，释放多巴胺，令人产生兴奋和开心的感觉。

　　理查德·塞勒，2017年诺贝尔经济学奖的问鼎者，在《错误的行为》一书中，提出了另一种观点：比起每件商品所能省出的那一点几乎可以忽略不计的钱，消费者更在意的是从交易效用中所获得的极大乐趣，哪怕是富裕的人也无法抵抗这一乐趣所带来的兴奋感。

　　于是，购物成了可以解决一切问题的灵丹妙药。生活上、工作上、情感上的所有痛点、泪点，都会在"买买买"的医治过程中烟消云散。如果无法克制心理上的强烈诉求，"买买买"的意识就会被姑息放纵，变得强烈，让我们渐渐成为一个剁手成瘾的"购物狂"。心理专家称：我们"买买买"的背后，是无处安放的焦虑，买东西是一种压抑的释放。"买买买"会让我们内心卓然而发一种短暂的兴奋和快乐，让人痛苦的压力得到消解。网友"我是铲屎官"自嘲说："我信奉'包治百病'。遇到不顺心就去专柜贡献 GDP，买完立马满血复活。"

需要舒缓压力时，对喜欢购物的人说："买买买！"就像对吃货说："喏！这是您要的麻辣小龙虾。"买东西确实会让我们的心情变得更好，所以购物本身确实能带来一定的心理疗愈效果。

不停地"买买买"，把买东西的快乐，变成仅仅是重复性"买"的过程，这个过程中快乐的程度会一直衰减。因为在不清楚自己具体需求时，不停购物，疯狂下单，到手的往往没几样称心如意或有实际用途的东西。更可怕的是，无用的东西会引发连锁反应，一为得到更好的，二为满足，购物的欲望会一轮接着一轮。

陈小姐是一位嗅觉敏锐的时尚专家，哪里有最新的物品，她都会第一时间赶去观摩和购买。时间一久，陈小姐发现了一个让她有些为难的事情。比如，有一次她看上了一款最新款镂空针织衫，没有丝毫犹豫就掏了钱。拿回家后，她恍然发现，整个衣橱里，没有一件能与这款针织衫相搭配的衣裳，勉强穿戴上，又浑身不自在，若要搭配得当，还需一双马丁靴，一条半身裙和白玉项链，太麻烦又得不偿失，她无奈只好把针织衫拱手送给闺密。

凭一时兴起，或打折促销，或缓释压力，或一见钟情的快感而"买买买"，甚至看别人下单也紧跟着抢……放眼望去，我们身边六七成东西都是无用的。

暂时拥有的物质，并不能带来持久的安全感

我们往往会有一个错误的认识，即物质上的储备充足了，我们就可以获得持久的安全感。物质上没有担忧了，我们就可以内心安定，开始不紧不慢地过生活，从此无忧无虑，再没困扰。事实却不是这样的。

林清玄在电视节目《开讲啦》中说："我说你很贫穷，没关系，穷人有很多宝藏是有钱人没有的。"他列举了三个穷人拥有的宝藏，第一个是睡得着。他说自己家里以前太穷了，在泥土上、木板上都能睡得着，而现在的多少有钱人，晚上要吃安眠药才睡得着。第二个是吃得下。他说自己小的时候什么都吃，连昆虫都吃。第三个是不怕人生的转弯。他说自己14岁背着一个布袋，里面放着一个玻璃瓶，离开了家乡。现在做选择的时候，他都会想，大不了我就回到14岁那年，就没有那么多纠结和犹豫了。

我们不能否认贫穷的生活也有贫穷的不安和困难，但是我们也可以肯定，物质上的充裕并不能解决内心上的不安。就算

成了亿万富翁，也许你还会吃不下、睡不着，甚至因为一次人生低谷而轻生。

在热播剧《都挺好》中，姚晨饰演的苏明玉，经济生活上已经基本达到了财富自由。她有三套房子，其中一套还是别墅。可是，她却在自己的卧室里整夜失眠。

有一次在一个装潢雅致的饭馆里吃饭的时候，饭菜还没上来，苏明玉已经倒在饭馆的沙发上睡着了。睡醒之后还对老板说："你家的沙发真舒服，多少钱我买了。"此后苏明玉便经常来这家饭馆里睡觉。

这在心理学上有一个术语叫"心理性失眠"。一个人如果在工作中压力过大，要睡觉的时候就会自动产生焦虑反应，会因为担心工作而睡不着。相反，如果是在沙发或者在别的什么地方，内心就会说：这只是小憩一下，不影响工作的，反而可以安心入睡。

看到数百平方米的超级豪宅，听着超级跑车启动的震撼声浪，我们心里没法不掀起想要占有的波澜，期盼着有朝一日自己也能如何如何。每个人内心都会有欲望、有野心，如果你不能控制它、驾驭它、就很容易被它所反噬。因此而跃跃欲试，急功近利，焦虑不已，一颗心久久不能平静。

电影《千与千寻》中的无脸男，每天站在连接人界和虚空之境的桥上观望行人。人来人往之中，没有朋友的无脸男空虚又寂寞。后来，无脸男看到汤婆婆的汤屋里欢声笑语，非常热闹，于是潜了进去。汤屋里是个利欲熏心的世界，从汤婆婆到伙计，几乎所有人都唯利是图。看到了金钱在汤屋里的作用，无脸男便用钱来购买服务，购买伙计们的关爱和重视。但也因为使用金钱，无脸男开始变得贪婪、狰狞。内心的欲望越来越多、越来越大，越来越无法满足，他开始吃盘子吃桌子吃人，他几乎想吃掉一切。

为了拯救无脸男，千寻给他吃了半粒药丸。无脸男呕吐出了一大堆浓稠如墨的黑水，呕吐出了三个被金钱蒙蔽双眼的店伙计，才恢复成那个寂寞胆怯的自己。最终，汤婆婆的孪生姐妹钱婆婆收留了无脸男，无脸男陪伴着钱婆婆生活，帮着钱婆婆劳作，得到了内心的平静和温暖。无脸男在富丽堂皇的汤屋里没有得到的安全感，却在钱婆婆朴素温馨的小茅屋里得到了。

在这个物欲横流的社会里，我们之中的大多数都在竭尽全力追求更高更好的物质生活。我们渴望名牌、美食及一切享乐，却忽视了自己的内心。

诚然，物质追求可以提升生活的品质，让我们生活得更舒服、更高档，但物质所能带来的内心欢愉只能维持一时。我们在这种短暂的大喜之后，又会马上沉入无尽的空虚和不安之中，转而更加迫切地去寻求新的物质满足。陷入追求物质—得到欢愉—厌烦—再追求物质的死循环，一直折腾，无法安宁。

丰富的物质无法带来持久的快乐和安全感。与之相反，物质不够充足，也不一定会过得不安心。因为没有了物质的牵绊，我们反而更能看清自己的本心。

柳智宇是数学天才，北大毕业后，他放弃美国麻省理工学院就读的机会，选择了在北京龙泉寺出家，成为贤宇法师。

接受采访时，他说："一切行业存在的最终目的都是为了人。为了人的什么呢？我想不仅仅是生存，而应该去寻找人的幸福，人的发展，让人能成为真实的自己。"

柳智宇坦言自己是个过于理性而拘谨的人，常常沉浸在自己的世界当中。在佛法中和传统文化中，他感觉自己"获得了莫大的喜悦与成长，前行的信心与力量，看到了心灵的自由与宽广，因此想去研究和弘扬它"。

他曾经的一位高中老师劝他回大学里研究佛法，他认为那会有很多限制，真要研究佛法还是选择出家，在寺庙里全身心投入去研究。他希望把研究所设在环境清幽的小庙，晨钟暮鼓，没有什么人打扰，只剩下修行和思考。

海德格尔说："人，诗意地栖居。"真正实现诗意，靠的绝对不是物质奢华的堆砌，而是心灵的宁静和素简。

孟子曰："其为人也寡欲，虽有不存焉者，寡矣。其为人也多欲，虽有存焉者，寡矣。"大意是说，减少内心的欲望是最好的养心方法，一个人，平时欲望少，即使有时本心会有所或缺，也不会太多。相反，一个人如果平时便欲望极多，即便有心保持本心，能留下的也不会很多。节制物欲，不仅能让你心智澄明，也能让你拥有更多寂静的欢喜。

你占有得越多，失去的自由也就越多

《笑傲江湖》里有许多绝顶武功，修炼者需失去很多，受很多伤害，才能炼成。甚至炼成之后也不能自由使用，比如"吸星大法"，如果对手不够格，使用时就会有被反噬的危险。因而从某种角度上说，占有也是一种限制。我们羡慕名模、明星拥有傲人的身材、优美的歌喉，羡慕他们演绎出完美的角色，唱出一首首动听的歌曲。而他们为保持这些优势，对自己的饮食的控制是极为严苛的。

被誉为孔雀公主的杨丽萍老师，现已 60 多岁，可她风采依旧，像一位刚落凡尘、没有一丝烟火气的仙女。为了保持身形，为了能在舞台上自由自在地旋转跳跃，杨丽萍已经许久没吃过一粒米了。

有人说："我们活着太痛苦，究其根本就是，我们想要的太多，付出的太少。"这也就是说，我们拥有的越多，便意味着我们失去的也会越多。所以，不必羡慕别人的光鲜，在光鲜的背后，藏着的是你没有看到的束缚。如果你连一顿美食的自由都不愿意舍弃，那就不要抱怨体重秤总是不肯做减法。

有时候，越是美丽昂贵的东西越像枷锁，当我们全力追逐的时候，就是在拼命往自己的脖子上套枷锁。

张先生在一个小城市买了一套房，总价 80 万元，贷款 50 万元，月供 3300 元，要还 20 年。张先生月薪 6000 元，每个月还完房贷，再给父母 1000 元生活费，也就还剩 2000 元。他不敢和朋友一起下馆子，不敢买稍微贵一点的衣服，物质生活紧张，处处受限。

占有还会让我们失去精神上的自由。东晋大诗人陶渊明"不为五斗米折腰"的典故可谓家喻户晓。当时他的上司去他那视察工作，秘书让陶渊明打扮整齐，准备好礼品，恭恭敬敬地前去迎接。陶渊明很早便知道他这个上司凶狠贪婪，很不是个东西。他如果为了保住这个官职而"摧眉折腰"，从此往后精神上都会感觉不自由，受束缚，所以他选择了离开，以不让"心为形役"。

无独有偶，大哲庄子，以活着的龟为比喻，不当宰相，也是为了精神的自由。话说有一天，庄子在水边钓鱼。楚王派了两个大臣前去招纳庄子。两个大臣对庄子说："王想要用国事来劳累劳累您。"庄子听到之后，头也没回地说："我听说楚国有一只已经死了三千年的神龟，被供奉在宗庙里，经常接受朝拜。我问你们，你们觉得这只神龟，它是更愿死去之后被放在宗庙里接受祭拜呢，还是更愿意活在烂泥里摇尾巴？"两个大臣说："当然是在烂泥里摇尾巴。"庄子说我也是这样。

拥有无与伦比的财富，势必整日为这笔财富的运用而愁；拥有良好的名声，势必整日为维持这份名声而愁；拥有一份令人羡慕的工作，势必整日为保住这份工作而愁。力的作用是相互的，一个人占有的越多，也总会在同一件事上，被占有更多的东西。把内心的欲望修剪到一部分，或者把目标适当降低一个维度，反而更容易享受清风朗月。

▍"买买买"，不会让你变得更幸福

"买买买"所能维持的幸福感非常短暂，当最初的新鲜劲过去，剩下的只能是需要更多"买买买"来填补的空虚。

比如，你逛街时看见一件十分洋气的夹克，和自己身上皱皱巴巴的卫衣一比，简直云泥之别。然后你迅速买下，兴高采烈地穿上它，感觉好像全世界都在夸自己。一年后，再来试着比较一下，第一次穿夹克的心情和现在穿夹克的心情。你是不是早就失去了当初的兴奋感，甚至已经懒得再碰这件夹克了？

在《我决定简单地生活：从断舍离到极简主义》一书中，佐佐木典士说："从没有得到物品的现在出发，是无法想象未来东西到手后'习惯'—'厌倦'的心情的。还没有得到想要的东西之前，我们总是认为东西刚到手时的心情会永远持续下去。"而事实上，我们会不断不断地以厌倦感为新的起点去追求新物品，陷入一种追求的死循环，最终得到的依然是厌倦。

而且很多人沉迷于"买买买"，迷恋的不过是在买了大牌之后，别人投射过来的羡慕眼神，以及那句"哇，这可是限量版！"

这样的购物体验的确能给人带来幸福感，但很快就会消失。

不停地"买买买"，是一种落后的幸福观，更像一种疾病。数年前美国有一个流行词叫"富裕病"，也被称作"消费传染病"。是指一个人无法控制自己，买完一件东西又买另一件东西。他还会因为自己的东西比别人的差，而再度激发购买热情。为了维持自己的高消费能力，他又会不停地进行高压劳作。最终，很多人都因为无法承受巨额的花销而申请了个人破产。

"买买买"从本质上来说，代表着一个人对财富的支配能力，然而一个人并不是钱越多便越幸福。

美国有一份调查显示：一个年薪 5 万美元的人比一个年薪 1 万美元的人要感到幸福，但一个年薪 10 万美元的人并不比一个年薪 5 万美元的人幸福更多。著名的心理学家丹尼尔·吉尔伯特在《撞上幸福》一书中说：一个人从一贫如洗上升为一个中产阶级期间，财富的增长会让他感到幸福，他可以从财富增长的过程中感受到成就感，但随后的财富继续增长便不会让他获得多少幸福感了。

买得太多就是负担，减少"买买买"的频率和数量，反而能让自己更轻松从容。减少"买买买"不仅可以节省一大笔花销，还可以节省出大片的精神空间和精力，不用再心心念念着时装周什么时间开幕，新产品什么时间发布，是否错过了降价通知，等等。停止不必要的"买买买"，消费的欲望小了，幸福感自然会提升。在电视剧《北京女子图鉴》中，来自乡下的女主陈可，起初对都市的物质享受充满了渴望，贷款也要买梦想的LV包包。但随着感情和事业上的变化，她的消费观也发生了巨大变化。剧中她有一句经典台词："年轻的时候，巴不得屋子的每个角落都被塞满，于是不停地"买买买"，好像堆积在一起就是幸福感和安全感。现在随着年纪的慢慢增长，又开始断舍离，希望停留在身边的，是对的、有用的、有意义的。知道自己适合什么、需要什么是一路跌跌撞撞才总结出的经验。"

追求数量的"买买买"，只是从不停地买这一行为本身获得乐趣，实际上毫无价值，不会持久，且反受物累。当物欲野蛮增长，压迫得自己无法从容呼吸的时候，不妨退一步，给自己留一点空间，去关注更多美好。

很多人认为时尚就是购买各类奢侈品，每个季节都穿当季最新的服装。而在时尚之都巴黎，一个女人只需要10件衣裳。她们认为，再多的衣裳，也只有10件可以展现自己的气质，之外的都是不适合自己的，更谈不上时尚。真正有品质的生活不是拥有越多越好，而是做减法，去购买真正需要的。

购买真正需要的要遵循尽力买最好的标准。一件档次高的商品，你决定花大价钱去购买它，就说明它符合了你的审美、满足了你某方面功能性需要，另外在品质等硬性条件方面更是一般的产品所无法比拟的。这就决定了你过后绝对不会因为这件商品不好看、质量不好等原因去买类似的替代品，便省掉了你很大一部分钱和精力。也就是说，你尽力买了最好的也就代表你买到了最需要的。

在《极简力》一书中，小野提到过这样一个例证：阿云就是这样公认的女神。在添置东西的时候有自己的技巧，买就买最好的。包包一定要买上档次的，绝对不从网上淘那些很容易被看出来的 A 货，也不购买最新款，百搭的基本款就可以出席各种场所。衣服选的是品质最佳的，上好的布料和合身的剪裁；鞋子既要舒适好穿，又别具一格，让她在人群中很夺目。除了衣着打扮，她的家也很有品位。最舒服的床垫，让她每天起床都精神百倍。最好的锅子，烧出来的菜也格外美味。虽然家里的东西不多，屋子很空旷，没有过多的装饰品和奢华的装修，但一进去就能觉得这个家的主人一定很会生活，是很有情趣的人。

阿云只是一个普普通通的工薪阶层，但她没有像大多数人那样购买很多件便宜物品。她坚持少而精的购物理念，不仅节省了金钱，也用上了最好的东西。

拒绝盲目的"买买买"，留出更多空间给那些生活中的小确幸。不再花大量的时间和精力去应付"买买买"，才能感受到更多让你心动的瞬间。

那些稀奇古怪的收藏癖

提起收藏，你脑海中呈现的情景，多半是字画、瓷器、邮票，整整齐齐地摆放在玻璃柜或地下室的样子。但在收藏后面加上一个"癖"字，就不那么可爱了。

生活中，我们经常能看到很多早已离开学校的人，还在收集各种笔，但从来不用，只是看着开心。也有一些人热衷于鞋子、衣服、包包，即便款式和原有的类似，只是花纹不同，也要买来收藏。还有人喜欢某明星的唱片、某动漫的卡通玩偶等，只要有新款就会不吝千金购买。

史蒂夫是全球最大规模朗姆酒的收藏爱好者，他用40年收藏了1000余瓶朗姆酒。为这些酒，史蒂夫特意改造了自己的房子。在巴西，一个名叫费雷塔斯的富商，收藏有300多万张黑胶唱片，这些唱片占据着一个完整的地下库。

除了常规的鞋子、包包、酒等，很多人的收藏也非常另类，甚至堪称奇葩。

一个叫谢大海的中学生喜欢收藏动物的尸骨、机器的残骸以及一些上了年代的医学绘图。在巴西圣保罗州有一位老人的藏品更为另类，他收藏的是垃圾。据估计，他的住宅中垃圾的总重约有240吨。关于他收藏垃圾的原因，他的解释是垃圾的作用很多，最大的作用就是，没钱的时候可以在垃圾堆里找一些物品卖掉维持生计。

甚至还有的人喜欢收藏衣服上的标签、各种袋装调味品如辣椒酱、番茄酱、黑胡椒粉等。人们这些奇奇怪怪的收藏癖，看似五花八门，毫无章法可言，其实质上，都有十分深刻的心理动机，大概可以分为如下三类。

一、代偿心理：一些成年人，在青少年时期，或多或少，在一些方面会存在遗憾和欠缺。这些类似心理阴影的不完美，对"三观"尚未成熟的青少年而言，会是一个不小的内心冲击，会在其内心深处扎根生芽，成为心结或是执念，让一个人终生耿耿于怀。在具备条件之后，他们会大肆补偿自己。

二、强迫倾向：收藏癖和强迫症有许多相似之处。患有强迫症的人，总是逼迫自己不断地重复进行某项行为，而收藏癖之所以被称为一种"癖好"，说明从事收藏的人对于所收藏的物品具有很大的执念，他们往往目的性很强，而且会持续反复购买同类物品，并竭尽心思想要将其一网打尽。例如，丽莎·考特尼喜欢收藏《口袋妖怪》的布偶，她每天花 7 个小时用来找寻新版本的布偶。此外，对于这些收藏者而言，他们所收藏的物品，不像剁手族买到手的消费品，新鲜劲过去之后，便随手丢掉或转手。收藏者十分珍爱自己的每一件藏品，他们甚至会花费大量的时间去尽心研究相关领域的知识，这份执念极有可能会让他们成为该领域的专家。

三、独立的自我世界：世界上绝大多数人都是普通和平庸的，而对于一些拥有收藏癖，特别是十分小众收藏癖的人而言，他们的收藏就是他们独立于世界之外的小世界。这些收藏品可以成为他们独特的标签，让他们活得更像自己。同时，在这个个人世界中，收藏者会成为主导，他们可以支配这个小世界中的一切，并从中获得极大的喜悦和满足。从这个角度来看，患有收藏癖的人往往是偏内向偏自卑的人。

四、内在愿望的未满足：如果一个人不顾及自己的经济能力是否允许，仍然不停购买自己想要的物品。从表面上看，是满足自己的欲望。而从内在看，是内心未被满足的需求。这种需求无法通过内心的自我修复来实现，只好通过外在的购买来缓解。

那么，这种未被满足的内在需求是什么？可能是儿童时期父母亲密关系缺失导致的被爱的需求，也可能是在某方面从未被认可导致的对赞美和肯定的需求。当这种需求没有被看到，外在行为的满足永远是饮鸩止渴，无法收获心灵真正的宁静和舒适。我们常说收藏癖近乎是一种病态行为，但是在确保不影响外人，也不影响自己正常生活秩序的前提下，我们仍然可以保留自己的这一爱好。罗丹说，世界上不是缺少美，而是缺少发现美的眼睛。一名收藏爱好者，执着于某一类物品的收藏，一定是在这类物品身上发现了美，对一个追求美好的人，也无可厚非。但与此同时，凡事过犹不及，我们在收藏时，还要注意适度，不要让自己过分沉溺于藏品之中而无法自拔，要分清自己的幻想和真实的世界。

▎囤积症：疯狂囤货舍不得扔

一年一度的"双 11"又要来了。

豆瓣网友 @ 小蜜蜂感慨道："清查了一下，去年'双 11'囤下的货，只还剩下 2 箱纸巾、5 箱卫生棉、3 瓶卸妆液、4 瓶洗面奶、1 瓶护发素，以及 10 斤盐和还剩十几天过期的两箱代餐零食。8 箱尿不湿倒是用完了，但也足足用了 7 个月。"@ 营养跟不上说："旧的没用完，新的也要买。"

现代的年轻人都喜欢在网上购物平台上买东西，因为方便快捷还便宜。打开电脑翻几个网页，选中商品后下单付钱，等个三两日。快递小哥便咚咚咚来敲门送货到家了。

然而网上购物的兴奋感，来得快去得也快。甚至从完成购买之后的那一刻开始，我们的兴奋感便已经下降了。快递取到后随手便往桌子上一放，有时候连拆都懒得拆，即便拆开了也只是看一眼便又放回去，同时准备买下一个东西了。热衷于网购的人，每天都是这种下单—拿快递—再去下单的循环。最终屋子里堆得到处都是没有用的东西。

这些家里囤积了大量用不完或无用物品的人，其实是患了一种名为松鼠病的心理疾病。具体而言，松鼠病是指松鼠在过冬期间，会在生活的地方存放大量的坚果，最后吃掉的却很少。松鼠病的学名叫"强迫性囤积症"，主要症状表现为购买物品的数量超出了正常的使用量，甚至可以达到开店做买卖的程度。而且，他们会将这些物品囤积在家中的各个角落，导致在家里走动都困难。当有人提出要清理这些囤积物品时，患者会产生抵触情绪，甚至反抗行为。

囤积症患者有强烈的存储欲望，对于自己所存储的物品，无论扔掉、送人还是卖掉，他们都会感到深深的痛苦。

囤积症产生的原因是多方面的，可能来自遗传、童年阴影，又或者虚荣心、从众心理等，最常见的有三种。

一、安全感缺失

在 1991 年的春晚上，姜昆和唐杰忠表演过一个名为《着急》的相声，里面有这样一段台词：因为传闻副食品涨价，立马请假回家囤了一洗澡盆醋、两缸酱油、十五桶豆油、两抽屉味精、一大衣柜五香面……有什么办法？不多囤点赶明儿就又涨价了。

即便现在，每逢冬天，许多人家还是有储存大白菜和土豆的传统。因为以前冬天蔬菜少，而这两样蔬菜放在地窖，基本能吃一整个冬天，可以保障冬天的蔬菜摄入量。我们在"双11"疯狂囤积生活用品，也是出于备用的目的。卫生纸、牙膏、洗发水，这些货物的保质期一般都在 3~5 年。我们提前存下来，内心会有安全感。

尤其当出现某些社会危机的时候，这种安全感的需求就更加强烈。2020年的新冠肺炎疫情防控期间，有人一次性买了500斤大米、20箱方便面，结果当地并没有出现物资紧缺的情况，于是买的东西都堆积在了家里。

典型的还有在日本核辐射期间，据说海水被污染后就没盐可吃了，于是全民开始抢盐。

有一位武汉的郭先生，竟然花费27000余元，囤盐1.3万斤。

二、满足欲望

陈芳吐槽自己的老公：足足收拾了一整天，终于把老公的家当收拾明白了。我的天啊，25件衬衣、30条裤子、10件Polo衫、7条腰带、32双袜子、60多双鞋。常穿的只有三两件，但一出门逛街必买衣裳。而陈芳自己也是五十步笑百步，她囤下的口红，哪怕一个月用一只，都可以用到五年后，可是每次看到有博主推荐什么女神同款、某某平台爆款，或是听到有朋友要出国，她仍然会忍不住要买。像陈芳夫妻这样的囤积行为，更多是为了满足自己的欲望。

三、情感寄托

我们舍不得扔一件物品，往往因为其中寄托着一些特殊的感情。乔舒亚的母亲一生都在不停地"买买买"，离世时，她在的公寓中储存着数量庞大的一堆物品。

乔舒亚在《极简主义》这本书中写道："一个特别棒的带顶篷的橡木床几乎占据了整个卧室，两个衣柜里面装满了衣服，画框挂满了公寓的每一个平面，原创艺术品挂满了墙壁，创意装饰品塞满了全部角落甚至每一个缝隙——整整六十四年的积累。"像所有痛失所爱的人一样，乔舒亚什么也不想丢掉。母亲走后，乔舒亚找来一辆大卡车运走了母亲房间里的一切，并储存在一家储物公司里。

另外，很多人对一些已经不能发挥用途的老物件舍不得丢弃，也是因为情感寄托，是一种怀旧或者恋旧的情感。在他们看来，一个物件不仅仅是物件而已，在它的身上，承载着许多的故事与回忆。在我们眼中看来陈旧没有丝毫价值的东西，在他们眼中却如天上的星辰一样，闪着夺目的光。

无论出于什么原因囤积物品，我们都要看到盲目囤积带给我们的不只是空间上的拥挤，更是精神的窒息。只有当我们不再执着于物品带来的安全感和满足感，才能活得通透。

▍重新审视自己与物品的关系

我们付出金钱购买物品，自然认为自己是物品的主人，对物品具有绝对的操控权，而事实并非如此。很多时候，我们和物品的关系是不平等的，这种不平等包括两种类型。

一、仰视关系

很多人买了昂贵的物品后，太过珍惜，害怕在使用的过程中产生磨损或意外丢失。这种害怕已经达到了小心翼翼的程度，甚至觉得自己配不上这件物品，不够资格使用，所以一直珍藏着舍不得拿出来使用。

侯安经济上富裕之后，曾买过一些奢侈品，LV 的钱包、巴宝莉的背包，还有一块劳力士。这些好东西，在侯安身边待的时间都不长，钱包和背包一直安放在柜子里，手表则直接卖掉了。侯安觉得，这些奢侈品感觉起来很高档，但用起来不方便，他总是很刻意的小心翼翼，用着心累。

二、俯视关系

我们买了地摊货或折扣商品之后，一直抱着坏了便换新的心思使用，用起来很随意，用坏了也不觉得可惜，认为小心爱护和保养不值得。

无论是仰视还是俯视，都不是我们与物品正确的关系。我们与物品应该平等相待，好比结婚时讲求门当户对，有共同语言，只有这样才不会彼此互相迁就太多，才能找到一个比较舒适的角度来相处。

我们和物品之间的关系就是我们心智模式的外在投射，即和自己的关系。我们购买的所有东西，就是我们时间空间的容器。在我们占有物品的同时，也在被物品所占有。我们和物品建立什么样的关系，就意味着我们和自己是如何相处的。

在一个良好的相处模式之中，物品就好像我们的一个朋友。我们不但知道自己的个性，还熟悉物品的特性。我们用物品来辅助生活，物品在我们的使用下展现其应有的价值。

为了建立和物品的平等关系，我们需要做到如下三点。

首先，我们购买物品时，需要慎重选择，把注意力放在物品的使用上。少买甚至不买同类东西，等着某一样东西用完了、用坏了、没有了再买。即便有缺少的东西，也先看看现有的是否可以替代。

另外还要注意不贪小便宜，不拿免费的东西。每次买一样东西之前，都要摸着自己的胸口问一下：我真的需要它吗？此时此刻就需要吗？你肯定不会选一个性格不合的人当朋友，所以你也一定不要凑合，不要选一个不是那么中意的物品来用。

同时，当你选中之后，也要坚持做到，不到最后用完决不换新。也就是说要让自己身边的物品保持一个优胜劣汰的循环，每件物品都是经过精挑细选留存下来的，性能又好又符合心意。这样在不断的循环过程中，终有一天，你身边的物品会都是你所需要的、必不可少的，你身边的物品将不再需要整理和收纳。

其次，我们要学会把物品人化。具体而言指，充分了解物品的特性之后，为物品取一个名字，比如把冰箱叫西门飘雪，扫地机器人叫横行天下。为了增进对物品的了解，培养和物品的感情，我们还可以不断调试物品在家庭中的位置，注意物品与物品之间的距离，以做到使用时，轻易便可以够到，不使用时不影响观瞻。一个特定时期内，视觉里没有杂物，可以确保注意力不涣散，增加内心的安全感。这样精心准备之后，我们会对自己的物品日久生情，既不会过分仰视也不会过分轻视。让每个物品在我们心目中具有一定的分量的，使用起来心里就会有一种沉甸甸的温暖。

最后便是果断扔。一定要养成一副火眼金睛，能对一样物品是否有用做出快速判定。这就需要列出一份生活必需品的清单，一旦发现某些物品与清单不符，立马扔掉。遇到确实没用却又舍不得扔的东西，最好的办法就是换个角度想一想。比如屋子的空间都被它挤占了，心情会很压抑。再比如屋子被这些没用的东西搞得乱七八糟，会显得你很邋遢，影响人们对你的看法。这样扔起来就会比较轻松。

▍问问自己：你真的需要那么多吗

2500 年前的一天，古希腊最为著名的大哲学家苏格拉底，突然在集市上放声大喊：“我不需要的东西，竟然有这么多啊！”

苏格拉底的徒孙、著名犬儒学派代表人物第欧根尼，更是把“简约”两个字发挥到了极致。第欧根尼是个富二代，他本可以过上风花雪月、大肆挥霍的生活，但他的内心崇尚简朴。第欧根尼号召人们回归自然，除了满足维持生命的需求之外，其他都无足轻重。第欧根尼本人也是这样身体力行的，他一直住在一个木桶内，全部的家产也只有这个木桶，以及一件斗篷、一支棍子和一个面包袋。

据说第欧根尼曾经还有一个用来喝水的陶罐，但看到农夫喝水时用双手掬水后，他倍感惭愧，立即摔碎了陶罐。

欧洲历史上最伟大的军事统帅亚历山大曾经慕名去看望第欧根尼，并关切地说："你的愿望是什么，我来帮你兑现。"

第欧根尼说："我只希望您现在不要挡着照向我的阳光。"

第欧根尼不仅强调物质上简朴，他还提倡人们摒弃虚伪的习俗和繁文缛节，让精神上也得到减负，获得更多的自由。

诚然，大部分人都不希望自己活得像个乞丐，但最起码，我们不应该被物欲掌控，丢失内心。生活本身其实很简单，往往是我们想要得太多，才会变得复杂。虽然我们无法立即确定自己真正需要的东西的具体数目，但是我们可以相信，物质上外在上的减少，会给精神上的自我留出更多的空间。

在德国荒诞喜剧《一百样东西》中，托尼与保罗因为一个赌注，互相约定，各自搬空家中的全部的物品。此后，每人每天只能取回一件物品，谁可以坚持100天，谁便是最终的赢家。

房间搬空后，赌约开始。第一天，天空便下起了鹅毛大雪，保罗取走了自己的大衣，托尼则取走了自己的羽绒睡袋。

家里面空空如也，没有电脑电视，也没有手机和互联网，在枯燥乏味之中，时间流逝得异常缓慢，托尼会饶有兴致地注视着一只飞虫，保罗甚至用舌头去添冰冷的窗玻璃。

烦躁的适应期过去之后，两个人开始习惯了只有自己的生活。在异常清净的这些日子里，他们开始不断问候自己的内心，并最终找到了自己接下来生活的方向，内心里真正想要的那个方向。

我们生活的目的是什么，只有我们自己清楚。

毕业于哈佛大学的梭罗，在一个湖边建造了一个木屋，独自生活。两年后，《瓦尔登湖》问世。在隐居的这段日子里，梭罗悟出了一个道理：如果一个人，能满足于基本生活所需，便可以更从容、更充实地享受人生。一个人放下得越多，越富有。

《瓦尔登湖》中有这样一段话："我愿意深深地扎入生活，吮尽生活的骨髓，过得扎实，简单，把一切不属于生活的内容剔除得干净利落。把生活逼到绝处，用最基本的形式，简单，简单，再简单。"

日本有名的极简主义者佐佐木，他所拥有的物品，加起来不过150件。他的衣裳一共只有3件衬衣、4件T恤、4条长裤、4双袜子和5双鞋。

佐佐木认为，一个极简主义者，具备如下两个特质：

其一，知道自己需要的是什么；

其二，为了自己重要的人生目标，可以不断削减身边物品。

极简主义者并没有一个明确的概念，我们也不能靠一个人所拥有的物品数量来界定。一个人能把所有东西都装进柜子里也不能说明他就是一个极简主义者，一个人拥有超过 200 件的东西，也不能说明他就绝对不是一个极简主义者。

唯一可以确定的一点是，极简主义者知道自己想要什么，知道什么对自己而言是最重要的东西，他可以排除一切干扰来达到自己的目的。至于对一个人来说，什么才是必不可少、最为重要的，那就因人而异了。

在日剧《我的家中空无一物》中，女主麻衣在生活上是一个十分凌乱的姑娘，她坚定地认为，连一只墨水用完的签字笔都拥有独一无二的回忆。所以她无法丢弃房间里的任何一件物品。

日久天长，麻衣的房间里堆积了大大小小、数不胜数的杂物，每逢找一件特定物品时，永远找不到。

有一天，麻衣失恋了，她想要自杀，随后她又经历了东京大地震，和家人分散。经历过这些分离之后，麻衣渐渐认识到，人生中没有什么是不能够舍弃的。于是麻衣开始重新审视自己的房间，发现里面是如此拥挤和杂乱，她大声告诉自己："没用的都扔掉！"

麻衣开始大肆丢弃房间里无用的物品，在剧情的最后，窗外阳光正好，留着一头清爽短发的麻衣，一个人躺在空荡荡的公寓地板上，面带笑容。

其实，当你不需要那么多之后，生活反而变得更好。

我们不仅不需要那么多的物品，我们也不需要那么多的人际关系。台湾话剧演员金士杰曾经表示过，每次话剧演完，所有人员都要上台谢幕，他其实并不想参加，这样就不会让他和更多的人在现实生活中彼此相见。金士杰说："我觉得生命当中必须有这个有意思的留白，它会出现一些生命当中想象不到的东西。"

第二章

社交极简，
更多地关注自己

▍不必费心费力去应付无效社交

曾经有个段子刷爆了朋友圈，说的是："你是砍柴的，他是放羊的。你们俩聊了一整天，最后他的羊吃饱了，你的柴却一点没砍。"

这句话被网友拿来调侃生活中的"无效社交"。聚会上，你跟一群说不上熟悉甚至记不清对方名字的人，推杯换盏，热情交流，你恭维我事业有成，我恭维你婚姻美满，你夸我身材保持得好，我赞你越来年轻……互相絮絮叨叨地谈论着"生活不易""天气不错"等不痛不痒的问题。寒暄、吃饭、假笑，直到聚会结束，虽然交换了联系方式，看起来也处得像朋友，但一转身就再无交集。

很多人因为害怕孤独，所以流连于各种交际场所，寄希望于通过社交获取精神上的满足。结果却事与愿违，那些费心费力花费时间和精力去维系的社交关系，没有带给自己满足感，反而让自己疲惫不堪。

这种我们无法从中得到满足，反而长期处于不开心、不舒服的社交关系，就是所谓的"无效社交"。比如，父母打电话或者视频的时候，突然让我们跟不熟的人聊天；独自走在路上被推销人员搭讪，再三拒绝依旧穷追不舍；被领导强行派去陪客户吃饭，饭局上还要一一敬酒说敬酒辞。

我们身处在这样的社会环境中，即使已经强烈地感受到这种无效社交所带来的疲惫感与倦怠感，但仍然不得不迫于生活和环境的压力，继续违背自己的内心，费心费力地去维持这样一种勉强的社交。秉持极简主义原则，我们仍然可以放弃一些无效社交，给自己的生命留出更多空白，去结交更有价值的朋友，去做更有意义的事。

在《请停止无效社交》这本书中有这么一段话："你忙于交际，频于应付，鸡同鸭讲的尴尬无处不在。你为了别人的欢笑而奔波，又为了别人的肯定而牺牲自我，你的人生仿佛都不是你的。其实，你根本不是在社交，而是无谓地蹉跎光阴。"

社交是指人们在一定的环境中进行物质和精神往来的活动，社交是一种交换过程。有效社交往往随着有效价值的互动，社交双方都可以从对方身上获得自己想要的东西，结果往往是双赢。无效社交的结果则是单赢，或者双输。

澳大利亚著名的极简主义创始人安妮·珍·布鲁尔在《过简单而有品质的生活》中提倡，人们应该放弃无效社交。那么，无效的社交关系都有哪些呢？

一、泛泛之交

逢年过节，走亲访友。日常工作中，领导同事之间的人情往来。社会生活中，同学朋友之间的小聚，都属于泛泛之交。

更具体一些，你在某次聚会上，周游在一群又一群的陌生人之间，满屋子都是客套的嘘寒问暖、不轻不重的闲言碎语，所有人都在热情的加微信、留电话号码，然后彼此说着今后一定常联系，但三天后可能连彼此相见过都记不得了。

泛泛之交是日常生活中最为常见和普通的社交生活。一个人身价的高低，往往便是看他的时间是否值钱。对于成功人士而言，泛泛之交就是在浪费时间。成功人士往往会跳过这个环节，把精力和时间放在更重要也更有意义的人和事情上。

二、酒肉之交

酒肉关系，是最脆弱，最不可靠的关系。一个明智的人，绝对不会整天在喝酒吹牛中混日子。酒桌上那些拍着胸口的保证和许诺，在真正的利益冲突面前比纸还薄。

你风生水起时，他要么对你有所贪图、巴结逢迎，要么对你心生嫉妒、左右掣肘。有事情了，彼此互相躲避，一个比一个躲得远跑得快，更甚者落井下石，让你摔得更惨。

张宇是家里的独生子，从小被娇生惯养，长大后更是自由放纵，结交的尽是一些酒肉朋友。平时这帮人在一起吃喝玩乐，称兄道弟，好得跟一家人似的。但有一次因为打群架，张宇被公安局拘留了。这帮朋友一见张宇碰到麻烦了，一个个跑的跑、逃的逃，都躲了起来，张宇为此竟大病一场。所以酒肉之交是最没有意义的。

三、不平等之交

现实中，人与人之间的交往，经常会存在不对等的关系。交往的双方，一方手头所握有的资源过少，就会变成单纯的索取者；而另一方则在交往中得不到任何实惠，变成了单纯的付出者。

索取者为了得到付出者的认可，只能出卖自己的自尊，用讨好、阿谀来博取对方的欢心，而付出者也会因为一味付出，得不到有效回应，而越来越为这段关系感到乏味和困扰。其实这种社交对于双方而言都是不平等且意义不大的。

对极简主义者来说，与其耗费精力、时间去应付不必要的社交关系，不如用心去经营少量值得经营的关系。理想的有效社交是你有故事我有酒，你有百花我有月。

与其挖空心思经营人脉，不如提升自己

人脉决定一切的观点让很大一批人醉心于经营人脉。他们周游于各种社交场合，使出浑身解数巴结逢迎各色人物。虽然收获寥寥，但他们却觉得是在经营自己的人脉，这在以后将会是一份财富。

这些人拒绝花费大量精力提高自身能力，最初，经营人脉是他们不努力的挡箭牌，到后来，经营人脉会是他们平庸人生

的遮羞布，等待他们的将是越来越无望的人生。

其实，人们追求人脉的本质是在寻求到达成功的捷径，是在靠别人给予一个板凳，站上一个更高的位置。但没有之前攀爬的辛苦，你也不会有结实的身体、坚强的意志。俗话说高处不胜寒，冷不丁站在高处，肯定会冻坏身体。

所以经营人脉恰恰不是一条捷径，借由人脉一步登天更是痴心妄想。

你只有有能力，你的人脉才能发挥出该有的作用。试想一下，即便你有良好的人脉，即便很多人都愿意给你提供帮助，愿意给你机会，如果你没有相应的能力，那这些机会你能把握住吗？你能成功胜任交给你的任务或托付给你的责任吗？在如此高压和快速运转的社会里，要是你一而再再而三地不靠谱，完不成任务，即便有人脉，你也可以用，但最终也只是空耗人脉。

初唐大诗人王勃，在还是无名小卒的时候，有一年去到长安，当时长安城里出了一件怪事。有一个老者卖一把琴，出价居然100两白银。王勃听到这个消息后，果断买了那把琴，引发了人们的围观。王勃转念一想，借机邀请围观的人都去他那听琴。却没想到，当人们都带着好奇心去了王勃的住处，王勃却把琴砸了。

砸琴之后，王勃从怀里掏出一沓纸说："我王勃有上好文章数百篇，比琴声还要美妙，请各位观赏。"读完文章，人们纷纷称赞王勃好文采。过后，一传十十传百，整个长安城的人都竞相传看王勃的文章，王勃声名大噪。

《请停止无效社交》中说："我们不能否认人脉的作用，但对于个人发展，能力是 1，人脉及其他是这个 1 后面的 0。没有 1，后面的 0 毫无意义；有了前面的 1，后面的 0 可以让 1 的威力成倍增长。"

不错，能力能够让人脉的作用得以凸显，而且更重要的是，能力还可以为我们赢得人脉。随着我们自身能力的增长，优质人脉圈子的形成，是水到渠成的事情。

首先，我们要在自己所热爱的行业里深耕细作，让自己成为一个领域一个行业的专业人士，这时候自然而然就会有人向你靠拢。许多很棒的公众号作者和文学网红，一开始在网上写东西，只是出于兴趣，根本没想过可以成名出书。但随着他们不断更新，不断练笔，文章越写越出色，接二连三被各种网站转载，人也小有名气之后，马上有许多粉丝请求交友，会有编辑联系他们谈出版谈合作。

其次当我们有一定的积淀和能力之后，乐于付出会让我们的价值得到更多体现。人的自我价值靠我们自己评定，但人的社会价值需要外人评定。在外人看来，一个人价值的大小往往取决于他贡献的大小。孙悟空学过七十二变的本领之后，想要在天庭谋一个职位，最后只得到了弼马温、看桃园这样的小差事，但当他保唐僧取经成功之后，被封为斗战胜佛，所以一个人社会价值的大小，往往不取决于他的能力。

最后我们需要多读书、多表达，还要丰富自己的兴趣爱好，能够把自己推销出去，有时候一个性格内向，不善于推销和表达自己的人，往往会被直接忽略掉。酒香也怕巷子深，说的正是这个道理。

人脉的实质是价值交换，其存在的基础是社交双方对彼此价值的认可。在人际交往中，你可以从对方那里获得事业上的帮助，对方可以从你这里得到他想要的资源，你们就是彼此的人脉，而且是可以稳定输出长久发展的人脉。

网络上流行这样两句话，一句是：当你发出的光太少，不足以找到人脉的时候，那就把光转过来对准自己，持续照亮自己，因为当你足够光亮，就会有人看到你，找到你，进而帮助你。另一句是：你若盛开，蝴蝶自来。

▎拒绝≠绝交，不喜欢就干脆拒绝

我们经常会因为自己的事情分身乏术，而在我们正自顾不暇的时候，亲朋好友还会来添乱。今天需要给他参加某某比赛的孩子点赞，明天让帮忙在朋友圈转发一个广告。即便我们会因为时间和精力被占据而不高兴，生活会因此而混乱不堪，但作为一个好脾气的人，为了不自毁形象，我们只好照单全收。

我们为什么不拒绝呢？因为我们总以为拒绝别人就是没有

尽到朋友的义务，没把对方当朋友，甚至会让对方误认为想要绝交。其实大可不必这样想。

古时候有一个叫微生的人，有一天朋友向他借醋。微生自己没有，转而去邻居家借，借到之后又转借给朋友。孔子很不认同微生这样处事，他说：有则借之，无则不妨辞之。

三毛曾说过：不要害怕拒绝别人，如果自己的理由出于正当。因为当一个人开口提出要求的时候，他的心里已经预备好了两种答案。所以给他任何一个其中的答案，都是意料之中的。

南怀瑾大师说：君子处世要讲究策略，面对朋友让你为难的请求，可以耐心劝诫，说明利害关系；可以迂回婉转地处理，巧妙地通过其他方式帮助朋友；也可以言明现实情况，让朋友了解你的难处。

害怕失去朋友，害怕伤害朋友而不拒绝，或者拒绝不明确，反而会失去朋友。

前段日子，林欢在逛商场的时候，碰到了一个远亲。两个人互相加了微信。这个远亲正在卖一种治疗高血压的养生内衣，远亲向林欢推销床垫，建议林欢给父母买一张。林欢向来不相信这些东西，可是没抹开面子直接拒绝，便说："我已经买过一套了，等什么时候这套旧了再买。同时林欢还保证，会问问身边的朋友是否有需要，需要的话介绍给远亲。"

从此以后，林欢隔三岔五便会被远亲安利一次内衣。

"最近在搞活动，要不要来一张？"

"身边有朋友需要吗？我可以打个6折。"

……

每次，林欢都只能找借口搪塞。后来，林欢很久没有再收到对方消息，查看微信，发现对方已经把自己删除了。

不敢干脆地拒绝朋友，看似是为朋友着想，其实是太过看重自己的分量，以为自己的拒绝会让他人无所适从。害怕拒绝的心理，其本质上是因为自己内心受不了拒绝，所以也害怕别人受不了拒绝。这种心理特征在心理学上被称为"被拒敏感性"，在日常生活中被称为"死要面子活受罪"。碍于情面不懂得拒绝别人，到头来委屈的将是自己。

临睡前，同事发来信息，请你帮忙完成一份尚未做完的报表，你不好意思拒绝，接手后直到凌晨2点才睡觉。

关系一般的邻居，合家出门旅游，找你帮忙看护巨型宠物狗。你不喜欢狗，但不好意思拒绝。结果家里到处都是狗毛，沙发、柜子腿也被抓破咬坏。邻居回来之后，你不好意思张口要钱，只能自己承受损失。

你一次次答应别人的要求，受了损失自己承担，故此，心里长出无数个解不开的结。而因为自己抹不开面子产生的后果，也只能由自己承担。

其实，拒绝这件事，越干脆越好。就好比你心里对一段感情已经有了答案，一开始就该直截了当告诉对方，无缘无故吊别人胃口，对双方都是一种伤害。快刀斩乱麻，知道不可以，那就连一丁点儿希望都别给。

拒绝也不会导致绝交，拒绝只是在特定的背景下，选择了一个恰当的时机，做出了一个合理的决定，你对对方坦诚，得到的一定会是理解和尊重。

小金是个设计师，为人干练，行事利索干脆。有一次一个朋友想请小金设计一个商标，可是没有提报酬的事。

小金直接就拒绝了，他说："这个忙我现在帮不了，公司最近忙，我排不出时间，但我可以帮你介绍一个技术好价格公道的设计公司，应该可以给你一个满意的结果。"

事后，这个朋友不但没有因为小金的拒绝而疏远了小金，反而十分感谢小金介绍了公司给他，还请小金吃了顿便饭。

对极简主义来说，拒绝是自己的权利，而且是就事论事，是从自己能力和意愿的角度来考虑的。当对方提出的要求超出了原则，或者超出我们能力和承受范围，我们都可以干脆拒绝。因为拒绝仅仅是一次不同意、一次分歧，但并不代表双方存在根本性的冲突，存在不可调和的矛盾，拒绝了朋友仍然可以当朋友。

▌你还在假装自己很合群吗

你喜欢美剧，可是身边的闺密都喜欢日韩综艺，为了能聊到一块儿，你便放弃了自己的美剧，去看他们心心念念的欧巴欧吉桑。你喜欢看动漫电影，身边的人喜欢游戏和篮球，为了能玩到一块儿，你也在电脑上下了绝地求生，下了英雄联盟，也拖着弱小的身躯随着众人一起在球场上切入、快攻、单挡。步入大学之前，你告诉自己，我生活不可太颓废，不要经常上网、不要熬夜，要认真吃早饭，上课坐前排。然而真正走进校园之后，大家都上网、都熬夜、都不吃早饭、都上课靠后坐。你也便合群地成了大家中的一员。

我们不敢扪心自问自己是否真的喜欢这样，真的希望如此，还是觉得生活本该如此，否则便会显得很怪异。在小说《挪威的森林》中，主角渡边上学的大学，宿舍简直是一个垃圾场。学生们还在墙壁上贴满了暴露照片，一片乌烟瘴气。就是在这样的环境中，有一个被主角取名为"突击队"的学生，经常把屋子收拾得像太平间一样干净。他甚至连窗户都拆下来洗。学生们听到这个奇闻异事之后，评价说：他神经病啊！

我们为了融入社会、融入圈子，有时候无从选择，不得不强迫自己去迎合别人，假装自己的想法、步调没什么两样，假装自己好相处。我们自己潜意识里会觉得，看似不合群的人，都有点另类、不正常。我们私下里会议论，某某总是一个人独来独往。正因为我们深切感受到了被人背后议论的滋味，所以我们害怕不合群，我们装作很合群。

我们之所以假装合群，最害怕的莫过于被议论、受排挤。

面对议论，陈涉曾给出过一个最经典的答复：燕雀安知鸿鹄之志哉！虽然我们不一定有鸿鹄之志，但是我们只要秉持自己的内心，我们只要知道自己想要的是什么，并且正在前往的路上，一样有资格说这句话。牛羊才成群结队，虎豹都是独行。敢于独行的，在精神上都是虎豹。

大家都在忙着考计算机二级，我也考一个，即便我还想学习一门新的外语；大家都在讲段子，我也讲一个，讲不出来，我便跟着一起哈哈大笑……这样盲从无我的人生不是很悲哀吗？

为了获得更多的认同，我们宁愿舍弃自己的是非观和内心感受，去换取在群体中的归属感和安全感。我们以为和大家一样，就不会感到焦虑，可是和大家一样，我们也失去了自我。而且事实上是，我们也没法强行硬融入一个圈子，试想我们不喜欢这个圈子的聊天，不喜欢这个圈子玩的内容，那还有什么契机能让我们真正融入进这个圈子，能和圈子里的人玩得来？我们一直跟不上步调，终将只会渐行渐远。

我们完全没有必要这样假装。这样不随从本心，我们也不会发现自我，不会获得发自内心的快乐。《无声告白》中说：我们终此一生，就是要摆脱他人的期待，找到真正的自己。你要告诉自己，你真的不必假装很合群。与其假装合群，不如活出自我。

中国青年报报社社会调查中心曾经做过一次有关假装合群

的问卷调查。2008 名受访者中，有 91.1% 坦言自己会假装合群，69.5% 认为假装合群会让自己觉得"心累"，64.7% 认为假装合群的人应该改变这种做法。所以大多数人还是厌倦假装合群，支持不必假装合群。

宋元之际，战火纷飞。有一天，学者许衡外出。天气炎热，行到中途，许衡口渴难耐。这时恰巧走过一片梨园。很多人在摘梨子解渴，唯独许衡不摘。有人问许衡为什么不摘梨解渴，许衡说梨子是有主人的。人们纷纷笑道："这样的乱世，还管这是谁的梨有什么用？"许衡说："梨虽无主，我心有主。"

生活在社会中，我们必须和各色人打交道，感到迷惑的时候，先不要盲从，问一问自己的内心，心中自有答案。

世界上没有两片完全相同的叶子，世界上找不出一模一样的人，这是造物主在用事实告诉我们，我们每一个人都该是不一样的烟火，都应该有属于自己的颜色。

《阿甘正传》里有两句对白让人回味无穷。

有人问阿甘："你长大后想成为什么样的人？"

阿甘反问道："什么意思，难道我以后就不可以成为我自己了吗？"

正如《倔强》里唱得那样："当我和世界不一样，那就让我不一样。"和大家一样你会觉得自在，但放松做你自己，你会更加自信！

越是讨好别人，人际关系反而越差

具有讨好型人格的人往往忽略自己的感受，期望通过迎合他人，向他人妥协，甚至刻意贬低自己以获取他人的欢心。用这样的方式处理与他人的关系，只会让人际关系陷入僵局。正所谓越讨好，越被鄙视。

蒋方舟曾在《奇葩大会》上声称。恋爱的时候，男朋友在电话中骂她，她只会道歉，一直道歉 2 个小时，男朋友却觉得她很敷衍。她索性挂了电话，男朋友又打过来，她不接，男朋友一直打。看着手机屏幕上密密麻麻的来电显示，蒋方舟吓得周身战栗，却不敢直接和对方说：你不要再打了，再这样下去我会生气。

在人际交往中，你一味唯唯诺诺，唯命是从，不积极沟通，别人会认为你没有独立地思考，没有原则，同时你也会让对方无所适从，无法把握哪里是红线，不能碰，哪里有商量的空间，可以充分交流以达成共识。双方都无法在平等互惠的基础上一步步增加了解，增进感情。特别是发生冲突时，一味迁就会让人觉得你很敷衍，流于表面，态度不端正，根本没有拿出一个正确的姿态来正面问题。

更重要的是，你总是照顾他人的感受，看人脸色行事。长此以往，他人会形成习惯，不但不会因此而高看你，反而会觉得你低他一等。试想，如果有人称赞你某某方面干得真是出色，你是不是会自然而然觉得，这个人在这一方面不如你。同理，当我们去讨好他人的时候，其实已经在大张旗鼓地告诉人家，我不如你，所以我想通过讨好、赞扬你的方式来得到你的尊重和认同，然而这根本是不可能的，这只会让别人觉得你对他来说无足轻重、可有可无。

在接受、迎合与趋炎附势之中，你会失去自我，失去为人处世的方向，进而连为人的底线和尊严都会跟着失去。在越发得不到尊重和认同之后，你内心难受，莫衷一是，陷入茫然和混乱。

稳固良好的人际关系，通常都非刻意讨好而来，而是通过展现自我，彼此吸引而来。真正欣赏你的人，所欣赏的永远是你最值得崇拜和令人心生敬佩的样子，却绝不是你自我贬低、唯唯诺诺的样子。不讨好他人，把自己摆在平等恰当的位置，反而会得到支持和认可。

良好的人际关系并不需要讨好逢迎这么复杂，相反，它的建立十分轻松。

一个好的人际关系，一定是在彼此真诚的基础上建立起来的。套路越多，越是属于隔靴搔痒，越看不到一个人的本来面目。有心理学家研究指出，在人际交往中，敢于透露自己的秘密，往往可以获得别人的真心。暴露秘密，就是在吐露内心世界。

一个人在你面前，敢于表达自我，坦诚相见，你会下意识地觉得，这个人对你不设防，对你没有心机，很容易你也会敞开心扉，表达出你的真实想法。两个人彼此真诚，很容易便建立起信任，交流内心世界，也十分容易达成共识。

世上的人际关系纷繁复杂，你无法控制他人对你的看法，他人也没有义务完全认同和包容你。但你应该明白，你的价值不由任何人裁定，只由你自己评定，我们不需要讨好任何人，这样也会省去许多徘徊和顾虑。

而且即便有意讨好，也要突出重点和目的，也要明白，这里的讨好，并不是阿谀奉承、摇尾乞怜，而是要别人进一步了解你，进而尊重你，这也符合极简主义的处事原则。

▍总有些人走着走着就散了，那就随他去吧

总有一些人，你们曾经无话不谈，如今只剩点赞之交。你曾以为他会陪你走过漫漫人生，却走着走着就散了。

曾红英有一个从小好到大的闺蜜。最开始，两个人的友谊十分简单，一起上学，一起上厕所，一起聊天，每天都有很多话可说，很快乐。后来随着两个人长大，一个去了 A 市念大学，另一个去了 B 省念大学。身处异地，两个人各自的朋友圈都开始出现令彼此陌生的面孔。她们很少见面，但仍然会联系，会

互相给对方的朋友圈默默点赞，碰到好笑的便随口评论两句。只是两个人交谈的话题只剩"你怎么样了"，和中学时期的某某某现在的状况如何如何。仅有的几次聚会，也都没有拍照，没有发朋友圈。现在，曾红英仍会为闺蜜的朋友圈点赞，但已经不再评论。

还有的闺蜜之间，变化更加剧烈，比如楚笑笑和莫文轩。两个人也是发小，且一直到各自大学毕业，关系都十分要好。然而毕业没多久，莫文轩便有了一个相当土豪的男朋友。身上的装扮马上从便装变成了国际大牌，脸上的化妆品也从便宜好用的国货变成精致的进口货。楚笑笑没法再和莫文轩聊哪家衣店打折、哪家饭馆地道好吃，也跟不上莫文轩逛街花钱的节奏。或许两个人初心未变，但身份的差距，会让一方连随便的一个张口都要在心里反复掂量几个来回。试问这样的友谊里还剩多少友情？

确实，有时候失去一个好朋友比失去一个恋人还要让人无法割舍。我们难过，不是因为不知道问题出在哪里，而是因为我们无力挽回，只能放任它就这样离去。

从每天见她到每天见她发的朋友圈；从看她发着熟悉的生活照，到突然有一天发现她穿了一件你没见过的裙子；从发现她的身边出现了陌生的身影，而她依然笑靥如花……有时候你遇到了困难，你不知道怎么向她开口，因为她没在你身边，不了解始末，无法感同身受。有时候她发了悲伤的言论，你也不知道你的问候对她而言会不会是一种打扰。

想想儿时的玩伴、曾经的知己，又或者曾经让你认为至死不渝的感情，现在还有多少留存？还有多少依然在你生命的舞台上，扮演着重要的角色？随着时间的推移，很多人会像潮水一样退去，淡化成为我们人生的背景色。随着经历、地位的变化，朋友之间能聊的话题可能会越来越少，你的苦恼他理解不了，他的迷惘在你看来也许是一种炫耀。最后我们只能一次又一次尴尬地叙旧。但朋友是需要交换观点并相互认同的。渐行渐远，不如相忘于江湖。

为什么再好的朋友都会疏远？

美国心理学家霍曼斯用"强化原理"对这一问题进行了比较合理的解释。所谓强化，举例来说：在日常交往中，一个人比较害羞、不善言谈，他便希望有个对人热情、妙语连珠的人来当朋友，以期自己在与对方的交往中可以获得快乐，走出相对孤独的环境。这里的快乐就相当于霍曼斯的"强化"。

霍曼斯认为，在朋友关系中，如果一方无法给予另一方足够的强化，又或者强化一直不及时，会令彼此疏远。此外，人在不同阶段，所需要的强化也会变化，某一种强化在上一时期可能是强化，在下一时期也许就变成了惩罚，这也会导致朋友之间渐行渐远。

因此，人们之所以会在某一时期成为朋友，是因为刚刚好在这一时期，彼此都可以从对方身上得到所需要的强化。

我们逐渐走散，和结交新的朋友，也是因为同样的理由。这样看来，有时候分离也是值得庆祝的，这说明彼此都没有一成不变。

一些朋友的离去，就像秋天树叶飘落，我们能做的只有接受。苏轼有言：人生到处知何似，应似飞鸿踏雪泥。人生的相遇和离散也是如此，如飞鸿一般，偶然落地，随机停栖，些许痕迹。所以不必太过在意，也不能过分勉强。一切遵从缘分的安排，该来的双手欢迎，要去的不必强留。

有人说：世间最痛苦的不是分离，而是分离之后，根深蒂固的回忆与梦魇般的纠缠不清。不能遗忘，也无法释怀。但该放手的时候犹豫不决，把自己纠缠在思绪里无法自拔，这样的人生又怎么会简单和快乐？

生命中无论遇见谁，无论曾经有过多少频繁的交往、多少密切的接触，但只要过去了，随着时间的流逝，留存下来的只会是越来越浓重的陌生感。现实终将会告诉你，经历过多后，对人对事，执念越浅越少受无谓的伤害。

每个故事的开始都来自上一个故事的结束。朋友并不是说一直在一起才是圆满，笑对相遇和离别，果断和过去的感情说再见，在心头才能永远留着温暖的光。有些人走着走着就散了，那么想着想着你就忘了他最好。勇于尝试、勇于接纳新的关系，你会发现人生到处是风景。

张嘉佳在《从你的全世界中路过》所说："人生不过是场

旅行，我路过你，你路过我，如此而已。"渐行渐远的关系就果断放手，只有不怕失去，才能拥有更多。

永远不和烂人纠缠，因为不值得

如果你被疯狗咬了，难道还要反咬回去不成？通俗易懂的一句话，做起来却很难。有时候，脑子一热，冲动起来，也会疯狂地咬回去，结果得不偿失。

新闻中诸如此类的事情常见不鲜，例如：有一对情侣在饭馆吃饭，吃着吃着，邻桌一个醉汉对女生吹起口哨。男生拉起女生便要走。女生说："走什么走，你怎么这么怂。"男生说："和流氓较个什么劲呢？"女生不依，说："我忍不下这口气。"然后女生上前去骂那个醉汉。

醉汉被激怒，双方扭打在一起，男生被捅三刀，抢救无效去世，临终前，男生问女生："这样我算男人了吗？"

再比如，在超市里、在地铁上，因为有人插队、抢位置而从言语冲突上升为肢体冲突，最终大打出手，一个身受重伤，另一个被依法拘留；还有的公交车司机，因为有人超车这样的小事，而在大马路上与对方上演"速度与激情"，不顾一车乘客的人身安全，最终都是两败俱伤。

大卫·波莱写过一本书，叫《垃圾车法则》，书中有这样一段话：这个世界上，有许多的人就像垃圾车，他们装满了垃圾四处奔走，充满懊悔、愤怒、失望的情绪。随着垃圾越堆越高，他们就需要找地方倾倒，释放出来。如果你给他们机会，他们就会把垃圾一股脑儿倾倒在你身上。这就是有名的"垃圾人定律"。

不是什么人都配做你的对手，不要与那些没有素质的人纠缠不休。这些人往往以自我为中心，而且价值观偏激，浑身都是怨气，很容易迁怒于他人。尼采说：当你在凝望深渊的时候，深渊也正在凝望着你。同理，要是你不放过烂人烂事，他们也会和你纠缠一辈子，你这一生便都将在垃圾堆中度日。人生最最不该干的事情，就是遇事不让，逢坎必踩，非得较个真，搞得身心俱疲，最后身受重伤，追悔莫及。

有一个段子十分有趣。

话说有两个人，一个人说 $3 \times 8=24$，另一个人说 $3 \times 8=21$，两个人吵了半天，争不出个结果，便去官府，请县太爷评定是非曲直。

县太爷听完经过后，令人把那个说24的拖出去打20大板。

挨过板子之后，这个人心中疑惑：明明自己的答案正确，怎么反而被打？便去请教县太爷原因。

县太爷说：你是个明白人，居然和蠢人争论半天，当然打你。

如果明知道对方是垃圾人，还想和对方讲理纠缠，无疑是对牛弹琴。活得通透的极简主义者，都懂得适时放开那些烂人烂事。

有一次，国学泰斗季羡林老先生和作家臧克家在一个小饭馆里吃饭。旁边坐着一对母子正在用餐。

其间，小孩子的母亲起身去了卫生间。便在这个空隙，小孩子伸手去拿桌上的花生米，不料身子一滑，发生了侧翻，整个人都摔倒在地，立马疼得大哭起来。

季羡林看见后，连忙走过去把小家伙扶起。这时，恰好孩子的母亲回来。见此情景，还以为是季羡林在欺负她的孩子。破口骂道："你好大一个人，欺负小孩子不害臊吗？"

季羡林没有反驳，静静地走回了自己的座位，孩子的母亲却一直喋喋不休，出口不逊。周围的人看不下去了，纷纷指责小孩子的母亲说："是你的孩子自己摔倒了，这位先生好心扶了起来，你不领情也就算了，还这样骂骂咧咧，哪有你这样的人！"

听到众人如此说，母亲脸上挂不住，连忙拉起孩子走了。

后来，臧克家问季羡林："你都被人误解了，怎么也不解释一下？"

季羡林说："和一个一张嘴就骂你的人解释，你并不能澄清自己，能得到的只会是无休止的争辩。"

刘成刚被调到公司的时候，经常受一个老同事欺负。无论工作还是杂事，都推给刘成处理，刘成干得好，是他的功劳；刘成干砸了，老同事添油加醋报告给上级。

刘成经常在新同事群里大骂这位老同事，同事们纷纷为他抱不平，说："再如何如何直接硬怼回去。"

刘成却说："这货就是一摊狗屎，我踩上去，鞋就脏了，平白拉低我的档次。"

烂人的思维方式我们永远无法理解，他和我们之间隔着一条叫作善良的河。真正成熟的人，很容易便在这些烂人烂事上面妥协，这倒不是怕，只是不屑于纠缠。要知道，这个世界上从来不缺烂人烂事，缺的是容忍烂人烂事的气度和品德。

▌这是你的人生，你不欠任何人一个解释

颜宁是一位颇具传奇色彩的女性。她在30岁的时候便当选清华大学历史上最年轻的博导。40岁的时候，她离开清华，远赴美国，成为普林斯顿大学终身讲习教授。

然而，就是这样一位优秀的女性，被社交媒体广为关注和评论的却是她为何不结婚？

颜宁对此的回应是："我不结婚，我不欠谁一个解释。"

不错，谁也没有权力代替我们去活，别人可以对我们的行为评头论足，指指点点，但我们没有义务向他去解释自己的行为。面对质疑和不解，我们需要做的只是遵从自己的本心，过好自己的人生。

著名央视节目主持人张宏民，因为主持《新闻联播》节目而为广大电视观众所熟知。他声音厚实，外形帅气，主持形象已经深入人心。如今，张宏民已经退居二线，开始享受晚年生活。

让人意想不到的是，有一次，张宏民一个人坐在长椅上吃雪糕的样子，被网友拍成照片和短视频传到网上，引发了热议。一时之间，张宏民被网友们称为"晚景凄凉""聪明人干了糊涂事""人生不完满"。因为他没有结婚，也没有养育自己的子女，所以看似一个人的身影十分"孤独"。

不过在张宏民自己看来，他的生活很闲适，他也没有感受到网友们口中的"凄凉"。他没有为了让网友们相信自己并不孤独和苦闷而出来解释一番，这反而会打破他平静的生活。

锤子科技创始人罗永浩，可以说是一个十分特立独行的人。他高中肄业，开始混社会，后来北漂，在新东方当英语老师，由于讲课幽默，言行极具理想主义气质，收获了众多"学生粉"。随着越来越有名气，罗永浩积累了一些财富和人脉。生活上平稳之后，罗永浩又开始寻求更广阔的天地，他想要拥有自己的产品。于是，罗永浩开始创业，先是做网站，后又建立了自己的培训机构，再而又开始做手机。现在，他则在直播带货界混得风生水起。短短十几年，罗永浩接二连三改换门庭。除了公司上的事情，罗永浩还有许多其他独特行为。罗永浩曾因为自己买的西门子家用电器经常损坏，而直接向西门子公司开战。他在西门子公司北京总部的门口，亲手砸烂了三台问题冰箱，并要求西门子公司一到两周内给他一个合理的答复。

彪悍的人生不需要解释。我们每一个人的人生都是不同的，特别是有些时候，我们因为条件、境遇的不同，过上了一般人看似不合理无法理解的生活，那只是因为他们没有经历过你的经历，所以无法理解，我们也不需要所有人理解，更无须回应质疑。

首先我们不需要解释，因为这是我们自己的人生。其次是我们无法解释，因为外人有自己特定的观察视角，他永远无法设身处地地站在我们的角度看问题。不管你多么单纯，遇到险恶的人，他也会说你工于心计。不管你多么诚恳，遇到多疑的人，他也认为你矫揉造作。

懂你的人自然会懂，不懂你的人，解释再多他也不会相信，只是枉费唇舌，浪费口水，对牛弹琴。

颜宁说：一个人选择去做全职妈妈，或选择去做文职人员，这都没有问题。关键这是你独立审慎思考之下的选择，而不是你屈服于家庭、社会压力的无奈之举。只要你遵从了你的内心，你的任何选择都是正确的。

是的，不管你结不结婚、生不生子、工不工作、追不追求人生理想，你都应该得到祝福，你都应该为自己祝福，因为你在慎重考虑之后，走上了自己想要的那条路。

其实，任何一件事情，任何一个时期，我们无论做得多差或者多好，多失败或者多成功，总有人会对我们微笑，也总有人会对我们不满。总有人会认为我们的人生有遗憾和缺陷，但失败并没有确定的含义，成功也不是我们向外人交的答卷。路是自己的，不必在别人的言语中框定自己的方向，不要过分看重这些质疑，只把这些质疑当作观察自己人生的一个视角就好。

《明朝那些事儿》的作者当年明月说：成功只有一种，那就是用自己喜欢的方式度过一生。所以，当我们正在按自己喜欢的方式，正在遵循着自己的内心生活，我们还解释什么呢？我们什么也不需要解释。

▌余生很贵，和相处舒服的人在一起

人和人相处，最好的状态便是彼此舒服。乍见之欢不如久处之不厌。无论友情还是爱情，想要走得长久，相处舒服是最基本的，否则对彼此而言都是一种消耗。

毛姆在小说《面纱》里描写了这样一段婚姻：女主角凯蒂嫁给了并不爱她的瓦尔特。结婚后，凯蒂发现，她和瓦尔特简直是两个世界的人。瓦尔特喜爱安静，凯蒂喜欢热闹。瓦尔特喜欢读书，凯蒂认为读书十分枯燥。瓦尔特克制、单调、总是耷拉着一张脸，甚至从生理上拒绝接纳凯蒂。

相处不舒服的人，多半"三观"不合，各方面都没有默契，一相见便各种不顺心不如意涌上心头。这样的双方，即便为了维持关系，一方舍弃了自己的立场去迎合、顺从另一方的立场，唯另一方马首是瞻，也于事无补。这样维持下来的关系，只是看似和睦，实则暗存危机。

你和朋友说上周参加了一场义卖活动，她却询问你自己新买的裤子如何。你和朋友谈论如何锻炼腰腹部的肌肉，他却跟你谈论现在的股市行情。思维都不在一个频道，相处起来怎么会舒服，一次两次你出于尊重，迎合了他的交谈内容，次次如此，你只会感觉越来越压抑。爱情上也是如此，长此以往，只会导致更深的隔阂。

俄国大文豪托尔斯泰，在 82 岁的时候离家出走了，与此相对应的是，和他生活了数十年的妻子索菲亚被他遗弃了，索菲亚为此一度想要自杀。当时，托尔斯泰正在经历价值观上的危机，究其原因，最根本上是他非常憎恨农奴制度，可他却是一个农奴主。于是托尔斯泰认为自己有罪，他摒弃一切享乐、一切奢侈行为，然而妻子索菲亚却在一直不知疲倦地忙着出版他的著作，忙着维持整个家庭的高额花销。对此，托尔斯泰曾在日记中写道：如果不是因为我的妻子，我本可以过一种更圣洁的生活。托尔斯泰想按自己的方式生活，唯一的方法只有选择离开。最终，托尔斯泰离开了索菲亚，他认为这将是一桩理想且快乐的事情。

不论亲情、友情还是爱情，不必过分讨好，不必一味逢迎，彼此理解、相互包容才是真得好。和相处舒服的人在一起，不用虚与委蛇，也不用见招拆招，没有无缘无故的看不顺眼，也没有每时每刻的小心翼翼，更不用强调什么方法策略，一切都在自然而然之中，没有任何刻意和故作姿态。

人和人之间的交往，舒服是最好的状态。与舒服的人在一起，你会感觉心情舒畅，随意不拘束。即便是两个人都沉默不语，你听你的音乐，他看他的漫画，也会感觉很惬意。哪怕有的人一和你见面就满腔抱怨，重要的是你是否也是一个喜欢抱怨的人，如果两个人可以对于相同的事情"同仇敌忾"，好好发泄一番，排一排思绪里的精神垃圾，这也没什么不好。

人和人之间的关系其实可以很简单，无论朋友还是家人，喜欢就在一起，不喜欢就分开，不在勉强里唉声叹气，对彼此而言都是一种善待。而且只要你愿意寻找，愿意尝试，你总可以找得到和你气味相投、聊得来又懂你的人。余生很短，不要委屈自己，果断舍弃让你感觉劳累心烦的人际关系，生活会变得很轻松。

三毛说，生活是一种缓缓如夏日流水般地前进，我们不要焦急我们30岁的时候，不应该去急50岁的事情，我们生的时候，不必去期望死的来临，这一切，总会来的。

用心浇灌一颗种子，它总会发芽。

静静注视一朵花的开放，它总会开放。

耐心等待一个梦想的绽放，它总会绽放。

何必着急？

时日且长，日头每日升起又落下，落下又再升起。我们何不耐心等待，就像盛装打扮，走很长的路，去等待一场日出或日落。

反正它总会到来。

一切都可以来得慢一点，只要它是真的。

第三章

信息极简，有选择地吸收

▋信息焦虑症你有吗

"我总是担心自己知道的不够多，担心不知道 giao 哥何许人也，不知道艾伦·金斯堡有什么重要著作，不知道 jms、bhs、nss 代表什么意思，我也担心自己不断发现更多自己不知道的东西。但这浩如烟海的网页根本看不完，这又更加重了我的担心和焦虑。"从事新闻工作的王珂在谈及工作压力时，指出了自己的困扰。

在这个信息爆炸的时代，我们每个人都渴望掌握最新最全的消息、最流行的观点，与之相伴而来的是信息焦虑症。所谓"信息焦虑症"，是指人们由于每天被大量的信息包围，进而产生了对信息的强烈依赖，一旦手机不在手边，或者网络出现了故障，就会产生一系列不适症状。

1. 短时间内多次检查手机，每天登录电子邮箱 N 遍，当发现并没有人来电或者传来消息时，内心会有失落感。

2. 当无法上网时，整个人极度焦虑难受，恨不得长出翅膀，马上飞到可以上网的地方去。

3. 漫无目的地查看网页上的视频和图片，很享受这种肤浅的快感，根本停不下来。

4.害怕自己落后潮流，当被问及的信息，自己全然不知时，情绪会一落千丈。

5.喜欢在各种社交和聊天软件切换，喜欢网络生活胜过真实的人际交往。如果某天网上没有有趣的消息，或者稍闲一点，整个人会呈现抑郁、提不起精神的状态。

6.喜欢被信息淹没的感觉，经常会感觉现实世界一片虚无，容易出现自我贬低和自我吹嘘两种极端心情，且不易妥协。

信息焦虑症是一种"时尚病"，多表现在学历高、工作压力大的白领身上。由于工作需要，他们每天不得不强制自己更新大脑中的信息，以使自己免于被时代淘汰。

有专家通过实验研究发现，如果让一个人在极短的时间内接受大量的信息，这个人的精神就会产生抓狂等现象。大脑的信息承载量是有限的，当外界信息进入大脑之后，大脑需要对信息进行综合、分析及判断，如果短时间内涌入大量信息，大脑就会吃不消，进而产生类似于神经病学中的焦虑症。

苏慕青觉得自己在阅读写作这件事上已经失控了。他没法一口气读完 10 页书，查资料写文章也不能专注地奔着一个主题查找，总有这样那样的信息吸引他的目光，此外还会时不时看看朋友圈、刷刷微博。工作没完成，苏慕青会安慰自己，我不是无所事事。

读大量的琐碎信息，甚至比读一本书还要费神，但苏慕青的内心里却没有读完一本书的那种充实感，反而是什么也没记住，内心更加焦虑。

我们一看见文字便觉得十分重要，这说明我们的思维还停留在信息稀缺的时代。然而现在已经是信息时代了，潮水般的信息每天都会翻着花样向我们涌来，我们还停留在旧观念中，只会让自己被各种资讯混淆视听，莫衷一是，无所适从。

在被信息困扰的时候，你是否想过，我们真的需要这么多信息吗？

《自由在高处》一书中指出：全世界一年要出版 60 万种新书、70 万种期刊，登记 40 余万个专利。有 900 多万个电视台、30 多万个电台，数十万个微波通信塔以及每时每刻都在增加数目的自媒体，世界上任何一个角落发生的大事都逃不过这些信息传播者的眼睛，致使我们每天被新闻、广告、专家分析、调查数据等数不尽的信息所包围，被花费掉大量的时间和精力。

每天使用着相同的网络，阅读着相同的头条，除了因为相同的信息垃圾而导致得消化不良，我们也正在逐渐失去独立思考力，成为一个标准化的阅读器。

唯有至简才能救赎我们变得日渐嘈杂的心灵，我们必须有勇气将其他多余的东西摒弃，才能脱离情绪和妄想的苦楚，更好地观察、倾听、感受、思考，并且梦想。

清理信息桎梏带来的负累，减少社交软件，少看朋友圈，少刷微博，少注册网站账号，定期远离互联网和手机……一番操作之后，你会发现整个世界都清静了不少。

清楚自己想要什么是信息极简的核心。

有一个公众号作者谈创作经验的时候说：我每天需要阅读大量的优质文章，知乎、豆瓣、微博甚至中国知网，都是我搜索文章的阵地，但我很少阅读新闻类的 App，因为我不需要，所以我很清楚自己想要的内容在哪里、是什么，无关内容首先会被我排除在外。在搜索文章的时候，我也绝对不在无关信息上停留，这样我总能集中精力快速找到想要的东西，而不是被数不清的信息淹没，长时间找不出一点头绪。

紧紧锁定自己想要学习、想要了解的内容，对阅读方向进行简化和取舍，就可以摒弃大部分无用信息。这样既利用了零碎的时间，还令自己逃脱了被信息海洋淹没的困境。

在阅读范围从大到小的剔除过程中，从根本上说，其实是一次自我的反思，首先要做的也是先了解自我，对自己认识清楚了，挑选信息、精简信息的事情也自会迎刃而解。

我们慢慢会发现，放下了许多没有意义的关注，不再被信息操控，生活节奏也会重回自己的手中。

▍不刷娱乐新闻的人更优秀

出轨复合、财产纠纷、天价礼服蹭红毯、整容、豪宅内景大曝光，甚至明星今天吃了什么、穿了什么、做了鬼脸，都能成为八卦。更有甚者，有的明星为了博得关注，自动投喂，自爆绯闻，还隐晦地把大众目光吸引到自己的脸上、胸上和腿上。

娱乐新闻满足了人们肤浅的好奇心，带来的只是短暂的快感。你有没有感觉，聊完八卦之后，内心里并没有一种充实感，反而更感空虚？你有没有看到豪宅和豪车之后，内心羡慕，甚至感叹命运不公？看到别人因为整容而逆袭人生，你是不是也开始蠢蠢欲动？长期处在这些宣扬物欲、美化外在，沦丧道德的言论之中，你的精神品质会下降，你会自然而然沉沦其中，感觉生活就是应该放纵自我，及时享乐。

在《美丽新世界》一书中，赫胥黎说：人们感到痛苦的不是他们用笑声取代了思考，而是他们不知道自己为什么笑以及为什么不再思考。

这些娱乐新闻，就是隔断我们和思考之间联系的一把钢刀。

一个真正有品位的人，是不会把时间浪费在任何一篇娱乐新闻上的。一个人不刷娱乐新闻，也可以说明他的精神生活没有靠这些没有养分的垃圾信息支持。他或者把这些时间用来陪伴家人，或者发展副业，或者读书。无论去求知去探索，还是去学习去思考，总而言之，到头来他提升了自己，而不是仅为人家贡献了流量。

王勃从事创意行业，他有自己的一个团队。同事之间经常会讨论微博上的热门事件，赌王去世、明星夫妻双双出轨等等。有时候有的同事便会问王勃：对于某某事，你怎么看？王勃一律回答：我不关注，我没时间关注。

王勃不但不关注八卦，他的手机上也没有热门游戏软件。当然，他不是为了用这些来标榜自己多优秀、多不同，他是真的没有时间。王勃的时间表一直很满档，从清晨开始，他要听团队里的主管汇报工作进度，同时落实公司的最新政策，然后还要和助理对接面试安排。此外在协调工作方面，他每天至少还要和二三十个人见面。

除了管理团队，王勃还要在业务学习上投注大量精力，整理心得，并和团队同事分享。最近他们开了自己的微信公众号、视频号、抖音号，需要在上面投放相关课程，这也需要王勃把关。

一个人的时间就是一个人的选择，优秀的人没有时间看娱乐新闻，只是说明他有更重要的事情要做。也许有人会说，我看娱乐新闻，可以从中获得快乐，缓解压力。不错，人不是工作的机器，人也需要休息。优秀的人不花费时间看八卦，并不代表他们不花费时间享受生活。

有一个记者，曾经想要采访一位成功女性。这位女性管理着 12 个小公司，还是 6 个孩子的母亲，可以说生活上几乎没有空闲可言。

于是，在记者询问这位成功女性是否可以空出一些时间给她采访的时候，成功女性果断拒绝了记者，理由是挤不出时间。

后来记者听说，她预约采访的那一天，这位成功女性正在乡下散步。

这引起了记者的兴趣，她连忙拨电话，询问成功女性原委。成功女性干脆地说："事情很简单，我所干的每一件事情，都要花费时间，我说我没时间做 ABC 这几件事情，也就是说我更愿意花时间做 CDE 这几件事情，我没时间，意味着我不在乎。"

因此，不看娱乐新闻，并不代表不休息不娱乐，只是不采取一种低端的方式取悦自己。一个人放松的方式有很多，听音乐、看书、健身、旅游度假，而且用这样的方式放松，你不但可以得到身心的愉悦，还可以提高自己的品位和质感，从而成为更好的自己，何乐而不为呢？

▍删选 App，清减订阅号

你和你的手机，或许现在正处于这样的紧绷状态之中。每天清晨，你打开手机，屏幕上是密密麻麻的 App，应用通知正以每隔 3 秒一条的速度在信息栏里跳动着，这时你想打开微博，又看见了知乎。摇摆不定之时，你点开了微信，微信里你关注了近 200 个公众号，99+ 的推送文章让你根本无从下眼，你叹了口气，闭上了眼睛。如果你正经历着上述情况，是时候给你的手机来一波瘦身清理了。

郑薇薇嫌旧手机内存过小，运行越来越缓慢，她正在准备买一款内存更大的手机。事实上，她的旧手机内存足有 128G。

按理而言，这样大的内存基本是没问题的，可郑薇薇的手机为什么还会卡顿呢？郑薇薇有些难为情地说：大概，是 App 装的稍微有点多。原来，郑薇薇的手机里装了 270 多个 App，其中仅有关拍照修图的就有 30 多个。

为什么会安装这么多 App？她说："我看朋友圈有人推荐，觉得人家说得好，就从应用商店里下载下来，准备过后尝试一下，但有很多都没有时机尝试，可是又觉得以后总会用到，便舍不得删掉，所以越积越多，最终成了现在这样。"

另外除了 App，郑薇薇的手机里还有 9000 多张图片，其中有很多菜谱截图。然而被问及厨艺水平时，郑薇薇摇头苦笑说："还没来得及实操，一直都点外卖来着。"同时她又坚定地说："等到有了男朋友，我一定得学会做一手好菜。"

男朋友还八字没一撇，先为男朋友预留菜谱，郑薇薇的脑回路实在有些清奇。

我们往往打着"以后会用"的旗号，在手机里囤积许多 App，真正用到的却只有三两个。关注了那么多公众号，每天推送的文章没时间看，又觉得错过可惜，于是点了收藏，当收藏的文章越来越多，无论如何无法看完时，不由心情烦躁、焦虑。

其实，反过来想一想，将这些一股脑全部丢掉，也并不会给我们的生活带来什么实质性损失，因为这其中包含太多重复多余的内容。

林白的手机里面除了系统自带 App，他自己额外下载的只有 3 个。朋友问及原因，林白说："业余时间只有听书和健身的爱好，一个喜马拉雅、一个 kindle 就够了。有时候偶尔看电影，就下了个爱奇艺，其他的我感觉也不需要，就没下载。"

魏天宇表示：有一回，我一次卸载了一多半基本不用的 App，感觉整个人都轻巧许多。

豆瓣上有网友发文说："以前关注了几百个公众号，置顶的就好几十个，刚刚浏览一遍，大部分取消关注，取消置顶，最后只留下 4 个时政类、2 个理财类、2 个汽车类、2 个职场技能类，从此再也不用为看不完的推送文章感到气馁，每天只需阅读 4 ~ 5 篇文章，既轻松又感到很充实，整个人都神清气爽不少。"

为了弄清楚自己真正需要的 App，我们可以把 App 来一次打包，清除掉桌面上的全部图标。在接下来的日子里，手机照常使用，用到哪个 App 的时候再把它调回桌面。经过一段时间之后，你就会知道哪些 App 是你真正常用和需要的了，而那些不常用的，先卸载掉，用到的时候再下载也不迟。定期重复这个过程，既可以保证需要用具体某个 App 时可以迅速找到，还可以节省掉一大部分手机内存。

关于订阅号，我们首先要明确，阅读的数量和次数不是我们阅读的目的，我们阅读是为了增长见闻，为了丰富自己的内涵。特别是订阅号里的信息，十分庞杂且良莠不齐，绝大部分都属于大众类的，普及性的，专业性不强。更没有什么文章适合永久性收藏，反复研读。我们完全可以挑选一些易于阅读，方便记忆和内化的轻松内容，不要带着任何心理负担去看订阅号的文章，完全没有必要，错过便错过。同时如果我们关注的信息分布在公众号、头条和知乎等不同地方的时候，还可以采用聚合订阅的方式，及时收到最为关注的信息的最新动态。

想想看，在需要手机发挥作用时，从口袋里自然地掏出来，不假思索地操作并完成任务处理，随后又很自然地放回口袋，思想仍然集中在之前做的事情上，我觉得这也是极简生活的一部分。

▌减少对社交软件的依赖

微信、微博、QQ、人人，甚至 ins、脸书、推特，这些社交软件陈春都有，每天他都要发，都要挨个刷。陈春生活中空余的时间，几乎都被各种动态所占据。每当发完一条日常后，陈春还特别热衷于看有多少人点赞、多少人评论或回复，如同上了瘾一般，根本停不下来，因为停下来后，他整个人都会感觉空落落的。甚至，有时候一些无关紧要的群里的消息，虽然知道没用，陈春也要挨个看一遍，否则他就会觉得遗漏了重要的事情。因此，为了防止这种担心和怀疑，陈春宁愿浪费一些时间把消息看完，以求心安。

你是否也有过相似的经历？过分依赖社交软件，以致生活和精神都被其掌控。每条微信信息都要过一遍，不求有用，但求心安。离开铺天盖地的消息和各种动态之后，会感觉自己被遗落在了一座孤岛之上，和全世界断绝了联系。在现实生活中，和朋友聊天、和同事谈工作、展示自己生活中的快乐或悲伤以及兴趣爱好等各种沟通，我们现在几乎都通过社交软件进行，这导致我们把虚拟社交当作了现实社交，产生了上述恍惚游离的错觉。

我们依赖社交软件，一方面出于现实中生活工作的需要，确实无法根本远离；另一方面也出于自己渴望被关注被关怀的精神需求。然而，社交软件无法从根本上满足我们的精神需求。社交软件依赖症、网络社交依赖症、虚拟社交依赖症甚至微信群依赖症。你只需在网上随便一搜，就可以找到数个与社交软件相关，或者由社交软件引起的现代病症。这些症状无一例外都指出，网络社交一定程度上方便了人们的互动，但同时也使人与人之间的现实交流越来越冷淡，所以说，社交软件根本无法满足精神上的需求。

诚然，我们之所以会不断把大量精力投入社交软件，还因为我们可以在上面成为现实生活中无法成为的自己，在现实中我们有时候会没信心、没胆量。这些不足和胆怯可以一定程度上被社交软件所弥补，因为网络社交中的每个陌生人，彼此可能相隔万里，互不了解，所以我们可以在上面尽情地表达，自由地发挥，成为更完整的自己。但与之相伴而来的便是我们被虚拟所占据，在虚拟世界中越来越沉迷，在现实中世界越来越焦虑。

我们应该跟社交软件保持相应的距离。

我们总感觉自己离不开微信、QQ，可事实并非如此，有人专门为此做过实验，受试者们在一天之内不用社交软件，多数人表示根本不受影响。

受试者 1 表示，平常使用社交软件的时候，总感觉一旦不用会和整个世界脱离。可是真正停止使用之后，不但可以适应，而且生活也显得没那么忙碌了。离开社交软件之后，内心更平静，做事情也更专注。

受试者 2 表示，起床之后，先去湖边坐了坐，和相识的朋友聊了聊最近生活。后来去球场踢了 1 小时足球。再后来，去吃了甜点，还和朋友去了一趟派出所。感觉从来没有一天这么毫无牵挂，这么从容，这么专心。

受试者 3 表示，并没有完美完成任务，实验中有破戒，用微信处理了一些私事。总体而言，不用社交软件，生活更从容，自己也更加自由了一些。

离开社交软件之后，你不会和世界失去联系，生活也不会无法正常进行，反而会更加从容和简单。而且你会发现，你迫切需要在社交软件上解决的问题，其实并没有多少。还有心理学家研究表明，离开社交软件后，我们对孤独和抑郁的感觉会有所减少。

我们觉得自己离不开社交软件，其实这只是恐惧心理在作祟，只是我们自以为离不开。真的离开之后，其实也没有什么，反而会让世界变得安静，生活上和精神上凭空多出许多你可以自由发挥的空间，你会开发出自己更多的娱乐技能，发现更多的生活乐趣。

此外，你的社交生活也会变得异常清爽。网络社交本来也是社交生活的一部分，在当今社交关系过度依赖社交软件的背景下，你果断远离了社交软件，也便是果断断绝了一些不必要的社交关系，当然会令人际交往变得更加轻松。

▌世界一流的人才，都钟情于冥想

什么是冥想？至今没有一个统一的定义，网上给出的解释是：冥想指禅修，具体指把心、意、灵完全专注在原始之处，达到入定，并最终把人引入解脱的境界。

这个说法有些玄，我们打个比方更容易理解一些。有人在论述大脑和意识关系的时候说：我们的意识是一个点灯器，而我们的大脑则是一个无边无际的空间。意识游走在大脑之内，它走到哪里，哪里就会被点亮。然而意识并不区分好坏，它既会去积极区域也会去消极区域。当它走到消极区域之内时，消极意识就会被点亮，这时我们会紧张、愤怒、悲伤。冥想犹如一只手，在意识走到消极区域的时候，可以帮我们把它拉回来，让我们重归平静。

据说，200 位世界级的领军人物中，超过 80% 都有冥想练习的习惯。例如，影视巨星阿诺德·施瓦辛格、苹果教父乔布斯等都是冥想的偏爱者。

有一年，施瓦辛格参加奥林匹亚先生大赛，此前他已经多次摘得大赛桂冠，但这一次他希望再次夺冠之后，借由多次得冠的荣誉进军演艺圈，所以感受到了前所未有的压力。再加上每天有许多事情要处理，压力逐渐聚少成多，施瓦辛格面临崩溃的边缘。

正在这时，施瓦辛格遇见了一位教习冥想的老师。老师建议施瓦辛格用冥想的方式解除焦虑。施瓦辛格没有更好的选择，开始进行冥想训练。一练习就是一年，每天两次，早晚各 20 分钟。施瓦辛格认为，这一年的冥想改变了他的一生。通过冥想，他不但解除了内心的焦虑，还使情绪变得更加稳定。面对繁重的工作，他不再当作麻烦，而是可以投入最大的专注，倾心解决。

1982 年，著名的摄影师安娜·沃克尔为乔布斯拍摄了一张入定照片。乔布斯亲手为照片写了题词：一杯茶、一台音响以及一盏台灯，我独自一人时，这就是我的全部。乔布斯深受新时代运动和禅宗的影响，每天坚持冥想。他觉得，心灵因为冥想而得到洗涤，直觉会变得异常敏锐和清楚，思考问题时，往往可以透过表层直达本质。

世界上规模最大、最杰出的对冲基金公司创始人雷伊·达里奥坚持冥想40多年，他说："至今我所取得的一切成就，对我帮助最大也最重要的因素便是冥想，没有之一。"

在美国，通过冥想来缓解压力、解除精神疲劳的人，至少有2000万。华尔街管理千亿元资产的投资精英们都在练习冥想，为的是在变化莫测的市场前，保持内心平和超然。同时，像谷歌、苹果、英特尔等世界知名公司，还专门为员工们提供了冥想课程，以帮助员工更好调节内心，提高工作水平和效率。

柏拉图曾说：我们的思绪像鸟儿，在大脑的牢笼里飞来飞去。为了让鸟儿安定下来，有时，我们需要的恰恰是一段漫无目的的平静时光。而冥想正有助于我们消除杂念，提高专注，令纷繁复杂的情绪恢复安宁，给大脑以休息，给内心以平静。

断舍离告诉我们要合理简化身心，以过上更轻松高效的生活。但往往我们舍，舍不得；断，断不了。究其根本，还是因为我们难以区分什么对我们最重要。精神上亦是如此，我们往往思绪万千，被这个迷惑，被那个动摇，对许多事情牵肠挂肚，导致精神压力巨大。冥想恰恰可以帮我解决这个问题。

比如通过冥想戒烟。戒烟是一件困难相当大的事情，需要极其顽强的毅力。有研究表明，一个成功戒掉烟瘾的人，工作效率普遍高于不吸烟和未戒烟的人，但大多数戒烟者往往出现反复，导致情况更糟。究其根源，还是因为压制欲望不是戒掉欲望的最好方法，就好像一个人对你说：1分钟之内不要想黑猩猩。你竭力禁止自己，但大脑里还是会反复出现黑猩猩的憨态。

而用冥想的方式戒烟，冥想会告诉我们如何正视烟瘾，如何接纳吸烟和不吸烟等一切想法。它不会强制一个戒烟者去刻意地排斥烟瘾，只会告诉他站在一个旁观者的位置，不断审视烟瘾，烟瘾是哪个部位的感受？这种感受具体是什么样子的？通过审视，逐渐拉开距离，进而达到戒烟的目的。据相关研究显示，通过冥想练习戒烟，两周左右就可以出现效果。

冥想练习放于其他感情纠葛、压力冲突上，也同样适用。冥想练习会通过引导你正视情感，让你在包容和接纳中逐步舍弃不合适的情感，最终得到心灵上的简化和安宁。

通过一段时间的冥想后，你的睡眠质量会提高，你会变得放松，更容易接纳和爱自己，看见营销号贩卖焦虑的时候，内心不起波澜；和领导同事相处的时候，不会处处感觉危机四伏，时时刻刻觉得剑拔弩张。

如果你准备好开始冥想练习了，最好每天同一时间不间断地练习，坚持呼吸方式正确、坐姿正确、理念正确。冥想会让你重归内心的平静，消除无谓的烦恼，获得充沛的精力和积极的心态。

▌享受专注，把手机放在五步之外

"手机依赖症"是一种新型心理疾病，高发人群为中年男性、青年女性白领以及大学生。这些人几乎所有交流都靠手机来完成，手机必须随身携带，甚至必须拿在手里方才安心。一段时间内，手机没有出现响声，他们就会开始焦虑，翻查是否有未接来电。如果发现手机没电或者信号偏弱，他们还会心慌意乱，甚至变得烦躁。

手机是导致我们浮浅工作的罪魁祸首。

回想一下，你工作的时候，是否曾无数次地在工作和手机之间切换？有研究表明，这种工作方式会导致注意力残留。所谓注意力残留是指，当你从事情 A 切换到事情 B 的时候，在一段时间之内，你的注意力会不停回到事情 A 上。也就是说，工作的时候，中途你扫了一眼手机，哪怕只是一眼，你的一部分注意力便被分散了。如果你每隔一段时间便扫一眼手机，那你将永远无法专注工作。

同时，总是在工作和手机之间切换，还会导致意志力被消耗。一个人的意志力是有限的。比如你正在准备考注册会计师证，你给自己制订计划，每天晚上要学习 2 小时。但有的时候你工作了一整天，感觉十分劳累，心理负担很重，这时你无论如何提不起精神再学习 2 小时。这就说明，你一天的意志力已经被消耗殆尽。而总是时不时看手机就会消耗意志力，进而导致浮浅工作。

美国学者卡尔·纽波特在风靡全球的畅销书《深度工作》中提出了"深度工作"的概念。所谓深度工作是指在无干扰的状态之下专注地进行职业活动，以求个人认知能力达到极致。

有一次，畅销书作家彼得·尚克曼应邀要为某机构写一本书，可他一直抽不出时间。眼看截稿日期即将来到，为了可以完成任务，彼得·尚克曼花费 2000 美元，买了一张从纽约直飞东京的机票，这趟飞机需要十几个小时的行程。彼得·尚克曼预备在飞机上专心写书。飞到东京后，彼得·尚克曼写完了书的上半部分，他买了一杯咖啡，喝完后又花费 2000 美元买了一张东京直飞纽约的机票，在这趟飞行中，他又写完了书的下半部分。彼得·尚克曼就是在深度工作。

深度工作可以将一个人体内的潜能激发出来，使其在同样的时间里创造出更大的价值，获得更多发展机会和更广阔的发展前景。同时一个会深度工作的人，还可以从深度工作中获得浮浅工作所无法体会的快感。

放下手机，全情投入，这是深度工作的前提。

有人说，生活在现代，离开手机，我们已经成功了一半。离手机远一些，也就是离分散我们注意力的诱惑远一些。同时这也相当于一个警示牌，时刻提示我们，工作的时候要专注，要集中精神，全力投入，才能出成果。当手机远在你够不到的地方时，每次想看手机你都得起身去拿，这也会降低你看手机的频率。

另外，我们还可以从源头上降低手机对我们的诱惑。

我们之所以忍不住看手机，是因为手机里弹出的消息太多，推送的内容太多，使我们总是想去看一下。为此，我们可以采用少数关键法则，酌情取消关注一些信息。微信作为一个重要的信息来源，我们不可能完全卸载，但我们可以给微信瘦身。

我们把不重要的微信好友删除之后，也就相当于排查掉了一大部分无用信息，可以节省下来更多自由发挥的时间。

我们离不开手机的另一个原因是我们习惯了用手机打发无聊时间，我们甚至已经成为手机的奴隶，但凡有空余时间，马上便会把手机捧在手心里，恨不能一整天都在手机的虚拟网络中聊天、看剧、刷新闻、打游戏。大块儿的时间被手机占据，我们不但乐此不疲，离开过长时间还会心心念念。为此我们可以多给大脑找一些更高档次的替代活动，例如读书、健身，结交好朋友。

体会到更好的精神享受后，我们自然会感觉到手机消遣的低端，自觉舍弃频繁刷手机的习惯。

工作时间不看手机，在你看来这只是一个小细节，但如果可以持续下去，将会对你的人生产生极大影响。

告别碎片化阅读，拿起一本书

碎片化阅读，在一定程度上满足了我们对各种资讯的需求，优化了我们的时间配置，但同时也迷惑了我们的双眼，让我们丧失了深入思考的耐心以及能力。

火车上，张潮心血来潮掏出 Kindle，准备看一本名叫《菲利普二世时代的地中海和地中海世界》的历史著作，这是他在大学期间就读过的史学名著。然而当他打开书后，可怕的事情发生了。第一是他读第一段读了七八遍，却仍然没有读懂。对啃过《历史研究》的张潮而言，这本书并不算晦涩，可他就是理解起来非常吃力。然后，张潮发现自己总是走神儿，每隔三五秒他的思绪就会飘到别的地方去。最后，张潮关上 Kindle，掏出手机，浏览起热点新闻来。张潮快速滑动着手机屏幕，享受着浅显的碎片化阅读所带来的快感，殊不知，这正是造成他无法专心读一本并不十分难读的书的罪魁祸首。

著名作家王蒙说：碎片化阅读更多的是一种浏览，在速度和精力集中的程度上，与读纸质书是不一样的。这种网络的浏览，有助于信息的民主化，有助于文化的普及，有助于各种信息的传播，但同时会使人对信息的摄取变得肤浅、平面、简单地量化，并缺少深度、缺少思考。

碎片化阅读所阅读的内容大多是一条或者一段，非常零碎、直白，很容易理解，不需要过多动脑思考。这些内容提供给你有一个根本目的就是吸引你来看，引起你的阅读兴趣，博得你的关注，然后摄取你的流量。为了可以抓住你的眼球，内容撰写者甚至不惜打色情擦边球、传播伪知识。最终导致我们的大脑在阅读这一方面越来越懒惰，越来越不愿意主动去思考和认知。胃口也越来越刁，一看题目不简单粗暴，没有额外养料，都懒得去点开，更别说耐下心来一字一句地细读。

在碎片化地阅读之中，我们只能学到一些零碎的知识。这些知识既不成系统，也很难进行嫁接和联系，容易遗忘，更无法应用。

此外，碎片化地阅读也会降低我们判断一条内容真伪的能力，因为内容很简短，譬如一条微博，有时候只是一句话，只传达出一个结果。在短时间，我们很容易便不加辨别的相信了。比如发生在 2018 年的重庆公交车坠江事件。最初新闻标题是：一辆公交车与一辆红色小轿车相撞，不幸坠江。小轿车逆行。看到"小轿车逆行"这几个字眼，各路网络大军便把矛头对准了小轿车的女车主，各种狂轰滥炸。

有的人说：要是我是你，我立马从桥上跳下去，以死谢罪。

然而事件最终结果是公交车上的乘客和司机发生了争吵，导致公交车方向失控，越过黄线，撞向轿车，撞破栏杆，最终坠江。

对于一些知识性的内容我们同样如此容易相信，再加上创作者自己也一知半解，而且创作目的大多非常单纯，只为赚钱，为了吸引眼球有时候还会夸大两三分去写。结果便是今天让你买保险，明天让你投资股票，搞得你莫衷一是，受到误导。

德国哲学家尼采在一篇名为《我为什么这么聪明》的文章中说："我之所以这么聪明，是因为我从来不在不必要的事情上浪费精力。无聊的知识会让人变得无聊，琐碎的知识会让人变得琐碎，甚至猥琐。"

《论语》中，子夏有言："虽小道，必有可观者焉。致远恐泥，是以君子不为也。"意思是说，即便很小的领域，也一定有很多可以学习的地方，但是如果倾心于这些细小的琐碎，会影响一个人去干需要倾尽全力为之奋斗的正事，君子不会这样。

面对碎片化阅读也应该如此，我们需要阅读经典，且一次只读一本书。

我们可以用碎片化的时间去阅读。唐宋八大家之一的欧阳修曾说读书可以在厕上、马上、枕头上，这实质上就是在利用碎片化的时间读书。古语有言："合抱之木，生于毫末；九层之台，起于累土。"只要坚持，只要每天都有积累，最终一定会有收获。

古人读书的时候还会焚香沐浴，鲁迅读书的时候要洗手，这既是对书的一种尊重，同时也说明我们要读书了，需要集中精神了。因为有时候读书也是一件十分困难的事情，特别是读一些艰深的大部头著作时，没有一定的毅力是拿不下来的。因此我们也要给自己这种仪式感，这样才能真正深入进去，也才能有所得。

总而言之，一本一本地去读书，恢复我们本该具备的阅读整本书的能力，这既是对生活中纷繁信息的简化，也是对我们个人专注力的一种提升。

知识焦虑时代，学得越少，收获越大

职场上近乎惨烈的竞争，使得很多人把希望寄托在了学习之上，期盼借由学习提升认知，增加技能，实现人生的逆袭或者进阶。

但在这个内容创业的时代，各种课程漫天飞。我们眼花缭乱，感到自己越来越无知，越来越渺小如粟。我们发现每一样知识对自己都有一定的价值，每一样知识学了都会有帮助。更何况还有许多我们原本便想要学习，想要深入了解的内容。于是，我们因为无法掌握更多知识而产生了深深的无力感，同时又因为担心知识匮乏、落后于人而焦虑不已。

我们获得知识的途径越来越多，理应感到幸福感爆棚，可是我们却越发焦虑，正如苏格拉底的那句名言："知道得越多，才知知道得越少。"越是渴望学习提高的人，越是容易产生知识焦虑。据统计，仅微信公众号一个领域里，就有超过2000万名创作者。此外，头条号、微博、知乎、各种App以及各种网站每天都在更新各方各面的内容。知识焦虑的根源在于什么都想学，但现实是穷其一生也无法掌握浩瀚知识的九牛一毛，我们的内心因此充满恐惧和压力。就像在黑暗中穿行，因为看不清方向更加焦虑。

追求海量的知识，只会增加你的焦虑。所以我们需要一束光，指引前行的路，这束光就是我们必须要清楚到底哪些知识对我们是有用的。

一般来说，我们的学习可以分为两种性质。

其一，休闲性质的学习：刷朋友圈、浏览新闻、刷各种 App 之类的信息阅读就是休闲性质的学习。此类学习不需要我们一定学到什么具体的内容，掌握什么关键技能，只是满足自己的好奇心而已。

其二，实用性质的学习：参加计算机二级培训、学习烘焙技术就是实用性质的学习。此类学习意在掌握一门知识的系统内容，或者具体操作程序。不仅要求我们做到知道，还要熟悉，能够运用，能够借此提高自己的工作技能和生活水平。

相比较而言，第一类学习容易让人看了许多，耗费了大量精力，但是一无所获，产生焦虑。而第二类知识则恰恰可以让我们获得内心的充实感，清除焦虑。

因此，我们需要提高自己"实用性质的学习"的水平。

首先明确学习目标，找到学习内容中的关键知识。在学习之前，要先问一问自己，哪些知识和学习目标最相关，无关的知识一概过滤掉。学习的时候朝着这个目标努力，学习有针对性的知识。例如你想要练习自己的口才，让自己语言表达更加流畅自然，那么提升思维敏捷和口齿流利就属于关键知识。而至于组织语言、增加表达中的趣味性则属于辅助性的知识，这些知识的学习要次于关键知识的学习。

其次根据知识框架学习。每一个领域都有其特定的知识系统和结构，我们在学习的时候，只是学习一个或数个知识点是远远不够的，只有当我们可以把所学的知识都串联起来，组成一个完整框架，触类旁通，才算真正掌握了一个领域。这就需要我们学习的时候有意识地学习相关性强的知识。

最后，及时把所学知识运用到实际生活当中去检验成效。你在学习烘焙，就要常常做糕点；你在学习英语口语，就要尝试去和外国人交流。在实际中应用是对我们所学知识最好的检验方法，所得到的反馈也可以有助于我们进一步调整自己学习的方向，削减掉不必要的学习内容。

学习万万不可贪多求广，只有少而精，才能真正学有所得。

第四章

工作极简，拯救被分散的注意力

利用断舍离思维整理办公桌面

第一天入职的时候，你的办公桌通常是这样的：座位上是空的；桌面很干净，只有电脑和鼠标；抽屉里同样空空如也，空间很大。但不到一个月的时间画风突变：座椅上放着靠垫、椅背上挂着包包和衣裳；桌面上不仅铺满了各种文件，还摆上了相框和几小盆多肉。抽屉里更是挤满了各种物品。

凌乱的工作环境，会对工作造成困扰。特别是一些新入职场的伙伴，他们因为对各种文件的内容不熟悉，需要时常翻看，所以都放在手边备用。长此以往，这些文件会代替他们成为办公桌的主人。

原本堆积文件是为了方便查看，但试想一下，文件堆积成山后，想找某一份特定的文件，还会那么容易吗？同时这些堆积在一起的文件，还会让我们潜意识里觉得，自己有许多工作要做，不由得倍感压力，心情烦乱，影响办公效率。

另外值得一提的是，这些文件，诸如合同、报表，有些是属于公司的机密文件，需要保密，用完后便应该销毁。你这样大张旗鼓地放在工位上，或许会对你和公司都造成不必要的损失。

除去办公文件，最容易在办公桌上产生堆积的便是文具用品。日常办公中，我们应用最多的工具大概是笔。笔十分容易被堆积，有时候笔帽丢失了，我们不方便携带，便随手放在桌面上，又抽出一支新笔。有时候笔芯还剩下一点墨汁，仍然可以用，但写起来不流畅，我们又抽出一支新笔，旧的却也没舍得扔掉。特别是当一个人有了笔筒的时候，经常把能用的不能用的笔通通放进笔筒，急需用笔的时候，往往拿出一根是坏的，又拿出一根还是坏的，十分浪费时间。

再如办公桌上的笔记本、便利贴、文件夹，这些东西，有些人本着多多益善的原则，摆满了自己办公桌的大小角落，也会产生堆积，令办公桌凌乱，不美观，还浪费空间。

我们需要一个简洁干净的办公桌。

20世纪80年代，日本经济横扫全球，日本的各大企业备受世界瞩目，特别是这些企业的企业文化，受到了广泛赞誉。在办公桌方面，日本公司便要求员工，每天下班，必须保证办公桌整洁之后才能离开。而这里所指的整洁，不单单是干净，同时也包括简洁和有序。桌面上除了电脑，只能摆放一包纸巾、一个水杯以及一部电话，要求近乎苛刻。但正是因为办公桌的整洁，员工们可以快速找到自己储存的文档，工作时也可以保持专注，不被杂乱无章的桌面扰乱视线，进而快速、高效、从容、稳定地完成每一项工作任务。

有人说：办公桌的样子，就是我们大脑的样子。所以一张整洁清爽的办公桌，是我们的名片，能说明我们工作处事时干净利落、讲求效率、不拖泥带水。

我们该怎样获得一张干净整洁的办公桌呢？

首先，我们应该减少书面文件的使用，即便有些文件要常常翻看，也需要学会为文件分类，或按项目名称，或按时间。并且分好之后，要放进抽屉，抽屉上锁。同时，现在已经基本进入了无纸化办公的时代，一些数据、信息大可以通过扫描，保存在电脑之中，不用留存纸质版，这样既方便查询，又安全可靠。

其次，尽量减少桌面上的办公用品。必需品诸如笔，两支黑色碳素笔、一支彩色多功能笔足够，笔记本、纸巾等物品一份足矣，用完再买。此外，尤其要着重检查可替代品，有了双面胶，就不需要胶水。有了回形针，就不需要订书机。日历和计算器这些也都不需要，因为我们有手机。而像一些完全不必要的个人物品：口红、护手霜、外套、拖鞋、靠垫、纪念品、小零食、盆栽，都不要往公司带，更不要放在办公桌上。

最后，也是最为重要的一点是，保持。我们需要养成良好的定期整理习惯。桌面最好每天下班之前便整理一次，文件可能短时期内不会积累太多，但最多也要一个月清理一次，过期没用的文件尽快扔掉，不要占据宝贵空间。

经过一番整理，你的办公桌桌面，应该保持这样一个画面：电脑、鼠标、电话、三支笔、一本记事本、一个水杯以及一包纸巾。

这样一来，每天上班，来到办公桌前，将不会有任何事情能影响你的专心和投入。

■ 职场上的"断舍离"，从整理电脑文件开始

上大学的时候，每当看到老师们把文件爆满的电脑桌面，投影到屏幕上时。你有没有感受到巨大的压迫感，想立即冲上前去将那些 Word、PPT、PDF、浏览器、图片编辑工具一一删除？

工作之后，有没有在领导让你写一份报告时，你心里记得十分清楚，曾经写过一份内容十分相似的，就在你电脑的某个角落里，你找了半天之后却没有找到。你一边气急败坏地埋怨自己，一边花更多的时间和精力重新写了一份。结果是既浪费了时间，又扰乱了心情。

有人说，电脑就是我们的第二个大脑，因为我们几乎把所有重要的文件都存放在了电脑里。但是电脑也像大脑一样，需要捋顺思路，才能正常运行，否则便会出现影响心情、影响效率，甚至影响运行的情况。

高旭是一名程序员，日常工作中，经常会有其他部门的同事请他去帮忙修理电脑。大多数情况都是文件、软件操作失灵，重启也没用。打开电脑一看，这些失灵的电脑，无一例外桌面上都是满满当当的文件。

文件过多导致电脑无法正常使用，只是极个别情况，更多的时候，文件过多的影响，表现在电脑可以运行，但运行得十分缓慢。开机耗时 2 分钟，修图时每个操作耗时 5 秒，视频导入导出耗时 15 分钟。总是这样等来等去，你难道不想砸电脑吗？而且时间也在这无数个等待之中悄然而逝，这些时间累积到一起，已经足够换来一段休息的时间。

　　电脑里文件不堆积，且分类明确，则又是另一番景象。举个很常见的例子，我们度假时，时不时会收到上司的通知，需要对某个方案进行修改。有的人便有自己一套清晰的文件管理体系，各种文件都整齐有序，妥善保管着。那么，他接到通知后，便可直接找个网络流畅的地方，打开电脑，登录网页版的云端，找出对应文章，修改完成后上传，文章便会自动同步到他在公司的电脑上。随后便可直接致电上司：请打开我的电脑，在 D 盘，E 文件夹，F 子文件夹下，找到名称为某某的文件即可。如果上司查看后觉得有些地方不中意，也可直接在上面修改。整个过程清晰明确，避免了来回传送邮件造成的差错和时间浪费，这都得益于平常善于整理文件。

　　还有人提到，在整理电脑文件的时候，会发现许多名称不同的文件夹，保存着大量内容相同的文件，TXT、MP3、电影等。一律删除之后，电脑整整清理出 1T 的空间。看着容量条重新变成蓝色，磁盘里的目录变得整齐分明，整个人也仿佛丢掉了一大块心理负担，轻松许多。

如此看来，善于整理和精简电脑文件，可以说是一件非常重要的事情了。整理电脑文件需要方法，究其根本，要做到两点：其一是勇于舍弃，其二是要明确各类文件的性质，做到分类准确。

　　从电脑桌面的整理来说，首先，桌面上的文件可以分为四类。①必须保存且重复使用率较高，②必须保存但重复使用率较低，③不必须保存但重复使用率较高，④不必须保存且重复使用率较低。对于前三种文件，需要建立一个特定的文件夹，且需要进一步将这些文件进行细致的分类，可以按照文件类型、时间等标准划分。并且要时刻注意，新文件产生之后，立即分类，绝不随便放置，以保持分类的结果。对于第四类文件，不必专门建立一个文件夹，用过之后直接删除，然后清空回收站。其次，桌面上的软件快捷方式尽量都删除，仅保留我的电脑和回收站即可。

　　从硬盘的整理来说，首先要卸载不必要的软件，特别是不常用和功能重复的软件。其次，重要的备份文件可以移到移动硬盘或网盘之中，以减少硬盘空间的负荷。最后进行文件分类和删除，步骤和电脑桌面的文件整理相同。

　　此外，我们还需要将重要的文件或文档存入云端，这样既可以为防备文件丢失多一分保障，还可以随时随地调用想要的文件，为工作提供便利。

　　有人说：人生三分之一的时间都浪费在了寻寻觅觅和等待之上，节省出这份寻觅和等待的时间，生活将出现更多的可能。

特别是对于现代的上班族，一个清爽整洁的电脑不仅等于一个好的工作环境，更意味着一份好的工作心情。还在等什么？赶快去整理你的电脑吧！

职场流行的番茄钟，如何利用

番茄工作法由弗朗西斯科·西里洛创立于 1992 年。西里洛在上大学的时候，学习效率低下，他常常对此十分苦恼。西里洛苦思冥想，想要寻求一种可以让自己办一件事情时专心投入的办法。

不久，西里洛找到了一种计时工作的方法。他用一枚厨房定时器，为工作时间计时，一段时间一段时间地进行工作，劳逸结合，效果显著。这枚计时器形状很像番茄，便被人们称为"番茄钟"，西里洛的工作方法也被称为"番茄工作法"。

"番茄工作法"具体指的是选择一个需要完成的任务，然后以 25 分钟为一个时间单位，进行工作。每工作 25 分钟后，便休息 5 分钟，这便可以称为你获得了一个番茄。等到获得四个番茄之后，你便休息 15 ~ 30 分钟，如此往复，直到一天的工作任务结束。

通过设定番茄时钟，既可以帮助我们缓解一个庞大任务所带来的恐惧和抗拒，有效提升工作的专注度，减少中断，还可以培养我们凡事马上着手进行的工作习惯，减少拖延。此外，一个番茄时钟之后的休息时间，还可以让我们享受到小小的激励，获得成就感，提高工作的积极性。

实施"番茄工作法"，首先要遵循断舍离的原则，列出活动清单，并酌情将活动清单中不必要的事务去掉。

活动清单是我们在这一天之内的一个自我承诺书。这个清单上的任务不要填写过多，必须确保可以在一天之内完成。如果当天并不打算干某件事，或者不确定是否有充足的时间将一件事情干完，那就不要写进去。否则，你会因为清单里列出的事情过多无法完成，导致心里产生焦虑。

其次，确定适合自己的"番茄"时间。

孟秋曾经是一个"拖延症"深度患者，她在应用番茄工作法"治病"时，着实经历过一番波折。一开始，孟秋高估了自己的耐力，给自己制定了工作45分钟，休息5分钟的番茄时间。这样的工作强度起初因为新鲜还可以忍受，但过后便让孟秋感觉到了压力。于是她开始延长休息时间，却没想到，休息时间一长，更加不想工作了。同时，孟秋还发现，在工作的时候受到打扰而被迫中断是经常会发生的事情，这也会打乱她的工作计划。

番茄时钟的时长并不固定，25分钟只是一个普适标准，可能有人会觉得长，无法坚持，而有人会觉得短，觉得还没进入状态便结束了。又如有的人在工作中会不间断地受到打扰，这种频率如果达到了每隔 20 分钟便出现一次，那便需要考虑缩短自己的番茄时钟，将 25 分钟缩短到 20 分钟甚至 15 分钟。我们可以根据自己的实际情况，在番茄时钟实行一两个星期之后，再做调整。

再者，工作之中受到打扰是不可避免的。工作时突然接到电话、邮件，又或者你突然想到家里的卫生纸用完了，需要马上补充，这些情况都会让我们无法顺利工作完一个番茄时钟。像中午吃什么、家里卫生纸用光了这样的事情，你大可以提前列到自己的任务清单里面，为其设置专门的完成时间，以避免自己中途开小差。面对同事朋友的乱入，我们一方面可以直接告诉对方，自己现在正忙，他可以 1 小时或半小时之后再来找你。我们还可以设置告知或自动回复，像微信统一晚上 9：30-11：00 回复，上午不接电话等。我们还可以在每一个番茄时钟里都预留出 5 分钟用于处理打扰事项，即每一个番茄时钟都是 25+5 的结构。

最后，我们需要注意的是自己的休息时间。1 个番茄时钟之后的休息时间很短暂，我们可以喝口水，或起身活动活动。3 ~ 4 个番茄时钟后，活动时间较长，这时我们可以上厕所，或站在窗边远眺一下窗外的风景，还可以四处走动走动，活动一下因为长时间坐在工位上而导致的身体僵硬。最好不要刷手机，因为刷手机看似在休息，实则是在被动地进行思考，根本达不到休息的目的。

此外，有时候常常会发生这样的事情。番茄时钟刚刚开始没多久，手头的工作已经完成。这时我们不要着急忙着进行下一项任务。一般一个番茄时钟内，只做一件事情，剩下的时间，我们可以回顾已完成的任务，看看有没有地方有差错，有没有地方可以优化。

总而言之，我们要不断摸索自己的工作规律，及时调整方案，方能找出最适合自己的番茄工作法，专注投入地完成每一天的工作。

▎轻重缓急要分清，先做最重要的事

许多人总是不分主次，喜欢大小工作一把抓，只注重时间的投入，认为只要自己肯下功夫，总有世界清净的那一刻。但最终往往是他们自己被事情缠绕得分身乏术，四处抱怨：没时间，工作总也忙不完。

其实我们并不需要每件事情都那么上心，我们每天只需要完成当前最重要的事情即可。

在时间管理方面，有一个重要理论，叫"四象限法则"，它把日常事务分成了四类。

A类，重要且紧迫的事情。这类事情时间紧迫，影响重大，不能回避更不能拖延。例如，重要会议、重大项目的谈判。

B类，重要但不紧迫的事情。这类事情不具备时间上的紧迫性，但是会对个人的发展产生重要影响。例如准备出国深造，需要每天背定量的英文单词。这类事情就像不下雨的时候修缮房屋，如果不修下雨的时候就会漏水。

C类，不重要但紧迫的事情。这类事情具有很大的欺骗性，会占据大量宝贵时间。例如有朋友突然来电话，叫你去喝酒。

D类，不重要也不紧迫的事情。这类事情多是一些杂事，像闲聊、闲逛，读小说、看报纸。

四象限法则认为，我们应该把精力和时间集中在B类事情上，即着重处理重要且不紧迫的事情。

概括来说，B类事情更多属于长期规划，时间跨度一般超过3个月，例如个人能力培养、人际关系维护等。如果循序渐进地实施，可以塑造一个人的外在和内在，可以增加一个人的收入，为一个人开拓出更广阔的人生。一个人的人生质量多半会因为这类事情而产生天壤般的变化。当然不做也不会对我们产生明显的影响，但是会令我们止步不前。

因此我们需要给足B类事务时间。不过，B类事务常常会受到A类和C类事务打扰，A类事务本没有什么，重要是我们切记不要被C类事务扰乱阵脚。

周三的早晨，刘叶上班前，看了看电表，发现还有不到10度电，他准备下班早点回来去物业交电费。然而当天下班的时候，同事们要去聚会，他不好拒绝，一起去了，电费没交上。之后两天刘叶都在加班，电费便一直没交。周五晚上的时候，他答应妻子，带全家去下馆子，交电费的事情便又耽搁了。一直到很晚，一家三口快快乐乐地回到了家，进门后发现家里没电了。

我们在日常生活工作中，往往会根据事情给我们的紧迫感来安排处理顺序，进而"嗜急成瘾"，容易眼中只有手头要做的急事。这类事情会给我们满足感，因为就在眼下，处理完毕后可以及时了却心中的一桩负担。但我们往往忽略的是，这类事情是否有值得我们耗费时间和精力的必要。我们要勇于舍弃C类事务，同时也切忌别让D类事务占据过多的时间。开会、写报告等工作，在确保B类事务已经高质量完成的情况下，再去处理。

同时需要指出的是，一个真正善于把握时间的人，除了事出突然，肯定不会每天被A类事情带得团团转。每天都有A类事情要处理的人，往往是B类事情没有适时地进行处理，进而演化成了A类事情。

那么，我们如何更具体地来确认，每天的工作，哪些重要，哪些只是看似重要？艾维·利提出了一个时间管理法，对我们的实际应用会起到一定的指导意义。

首先我们拿出纸笔，写下明天要做的6件最重要的事情。其次用数字标明重要次序，随后在第二天的具体实施中，我们就按着标好的顺序，次第完成需要处理的事物，而且一定要完成第一项后再进行第二项，如此类推，直到6件事情全部完成。

同时在判断一件事情是否重要的时候，我们一定得从全局着眼，做一个通盘的考虑，不要有知难而退的心思。例如，现在你有20道数学难题和20个英语单词要背。数学难题明天要交，英语单词明天老师会检查。两件事情都属于重要且紧迫的事情。数学题难，你选择先背单词，但结果做数学题的时间不够用，直到12点你都没有完成作业。按照上面情况，你应该先做数学题，然后利用一些空余的时间背英语单词，毕竟英文单词早晨早起一会儿或在上学的路上也可以背。

　　我们还需要注意的是，先做重要的事，并不意味着可以忽略其他工作。重要的事情一旦高效完成之后，仍然需要着手处理其他事务，而且要留出适当的时间和资源，以期达到一个相对完整的平衡。

▎如何从职场琐事中挣脱出来

　　世界著名的咨询机构富兰克林柯维公司研究声称：一些职场人执行力差，并不是因为他们懒惰，更不是因为他们笨，而是因为他们常常被琐事缠绕，总是让自己非常忙乱。

　　老板出差，行前让下属刘吉草拟一份董事会报告，一周后要用。刘吉跃跃欲试，想要趁机露一手。不过时间尚早，刘吉认为不必着急，可以先忙完另外几件事情。这另外几件事情分别是：寄信、发传真、打三个无关紧要的电话，以及给老板的女朋友订一束鲜花。之后的几天，每当刘吉郑重其事准备开始写报告的时候，就会有事找上来。不是临时接待客户，就是给电脑重装系统。等到老板回来的前一天，报告才写了一个开头。只好晚上加班，原本想一鸣惊人，结果却草草交差。

　　杨立业入职律师事务所已经一个多月了，但如今的工作和他想象中的律师工作大相径庭。他原本以为每天的工作是见当事人、参加开庭、写答辩意见、总结案宗，结果每天的工作却是装订案卷，帮其他律师整理材料，甚至预约客户为客户端茶倒水，有一次还为客户跑腿去交医药费。杨立业十分苦恼，因为每天干的这些工作和他业务能力的提升没有丝毫关系，他问过一些老员工，他们都说新员工都这样，一来就想接案子怎么可能，都得从打杂做起。杨立业觉得有道理，也不好意思再说什么，于是一拖再拖，最终还是辞职了。

　　工作中，有的人往往身兼数职，而且事事亲力亲为，每天埋首低头，忙来忙去，迷失在琐事之中。结果本职工作没有起色，人生事业上鲜有成绩。还有的人身不由己，不得不屈从于领导的安排，一直在业务边缘忙碌，无法获得实质性的成长，最终坐以待毙，或者另谋他途。

　　我们被琐事缠绕，最主要的原因是我们认识不清究竟哪些是琐事。

　　琐事常常隐藏在一些不起眼的日常工作中。这些工作就像鸡肋一样，食之无味，但又让人觉得弃之可惜。不过即便最终卖力气完成了，也产生不了任何实质性的益处。

　　琐事往往呈现机械性的特点，比如拿快递、订机票，每次重复，也只是在单纯的重复，在浪费体力。甚至有些还是垃圾工作、陷阱工作，比如去接待难缠的客户、给老板报告坏消息、接手上一任留下的烂摊子。这些事情往往做多错多，令你吃力不讨好，深陷泥潭。

　　概括来说，琐事常常具备如下几个特点：一是工作量大小不明，既没有具体期限也没有详细进度；二是干多干少只有你自己心里明白，旁人无法知情，因为它没有评价标准，没有奖惩措施；三是这项工作可以随时为任何工作让路。

　　符合这几个特点的工作，便是琐事。我们在日常生活中，很难绝对地将其排除干净，但是我们可以尽量有意识地避开这些工作。古人拜师学武，挑水三年不假，但那是为了磨炼心性，面对全新的工作，从最基本做起也是必要的，既可以让你打牢基础熟悉流程，也可以尽快和团队里的成员熟络起来，但是长时间如此就要多加考虑一下了，你不能把自己当成一个打杂的，你得确立目标，并朝着核心业务逐步迈进，你得一次一次将每一件小事做好，超出领导预期，并多向领导请示和确认，从领导的言谈中，确认是否还有更重要的事情要处理。

　　我们还要常常给自己留出思考的时间，回想现阶段自己正在进行的事情中，有哪些意义重大，需要空出更多的时间去处理；

哪些又对自己而言并没有十分重要的价值，可以省去。

我们在思考的时候，还要把目光放长远一些，跳出自己所在的环境，站在一个尽量高的位置，俯视自己。并且问自己一些宏观的问题，诸如我的理想是什么？我的野心是什么？世界会朝着什么方向发展？现在有什么大的趋势？

这些愿景和宏观思考，往往可以成为一把审视我们自身和我们所处环境的标尺，带给我们不一样的思考，让我们更清晰地认清许多事情对自己的意义，同时也可以更从容地舍去一些事情。而这其实就是在收敛自身，在对自己的生活和工作做减法，让自己生活得更轻松、更简单，也更符合自己的本心。

█ 一次只做一件事，并做到最好

时代在不断加快自己的步伐，我们身处其中，越来越不安和焦虑。我们总希望可以最大限度地利用自己的时间，尽量多做一些事，在有限的生命内实现更多的可能。

我们一边跑步一边背英文单词，一边吃饭一边工作，一边聊微信一边接电话，诸如此类同时进行两件事的例子有很多，可是效果如何呢？有人曾经亲身做过试验，结果并不理想。

实验者首先尝试一边看一部悬疑片一边制作一份表格。结果，电影中的凶手被揭发之后，实验者仍然一头雾水，他甚至连电影里最基本的人物关系都还没有捋顺。他的表格也是错误百出，连表头都没填正确，里面的内容不是前后重复，便是有空缺。

实验者又尝试一边炒菜，一边听一本专业著作。结果炒的菜，放了两次盐。听的那本书也只是听清楚了个别字句，连一段完整的内容都没有听明白。

最后，实验者尝试让其中一件事情固定。他一边做一套锻炼腰腹部的健身动作，一边背诵英文单词。结果还是不理想，三套动作下来之后，他不但没有肌肉燃烧的酸痛感，英文单词也只记住了一两个。

古语常说，一心不可二用。事实也是如此，我们生活中最应该切忌分心做事。很多时候，我们会感觉手忙脚乱，并不是因为事情太多，而是因为我们自己混乱不清，没有清晰的先后顺序。我们这也在担心，那也想插手，有限的精力被分散在数件事情上，搅得自己既疲于奔波，又效率低下，还心情烦闷。

其实生活就像一条直行的单向马路，永远只能允许一辆车沿着一个方向前行，超过两辆车并排就会导致堵车，就会导致整条道路瘫痪，所有车都无法正常行驶，所以即便车再多，也只能一辆一辆地走。

人生也是如此，每天都有一堆事情在待办，每个阶段的角色都有数不清的责任要承担。我们没法一上来便两手齐抓，这样只会导致什么也办不好。时间说快，其实也充足，足够我们履行自己的责任，完成自己的义务。因此我们每次只做一件事，每次只订立一个目标，一件一件完成，一个一个攻克，最终我们不但不会落后，反而会因为每件事情都给予了充足的重视，而得到意想不到的结果。

　　纽约中央车站的询问处，每天人潮往来不息。询问处的服务人员总能有条不紊地接待每一位顾客。这天，有一位胖妇人问一位服务人员："我想去春田怎么走。"服务人员问："马萨诸塞州的春田吗？"胖妇人说："是的。"服务人员说："那班车在 30 分钟后到达，在第 5 号站台出车，您不用着急，时间很充足，可以慢慢走过去。"胖妇人问："是 5 号站台吗？"服务人员说："是的。"胖妇人走了，随后服务人员开始为下一位乘客服务。这时胖妇人又折了回来，问："是 15 号站台吗？"服务人员并不理睬胖妇人，仍然十分专注地解决新询问者的疑问。完全解答完毕之后，才又回复胖妇人的问题。有人询问原因，服务人员说："中央车站每天有数万的人流量，只有一次服务一位客人，把这位客人的疑问解答清楚了，再解决下一个问题，才能保持思路清晰，确保每一位客人都服务到位。也正是靠着秉持这一原则，我才能如此冷静和从容不迫。"

　　一次只做一件事，可以让我们不瞻前顾后，提高效率，且在每次完美收官时得到信心，越来越自信。

　　一次只做一件事，而且尽自己最大努力将这件事情做到最好，在这个过程中，我们还会得到很多很好的人生体悟。我们在用刀切菜时，可以体会蔬菜被一刀一刀地切下；我们在用油炸丸子时，可以观察丸子在沸油中色泽的变化；我们在洗碗时，可以感受碗在手里慢慢地旋转，从满是油腻变得干净洁白；我们在陪孩子做作业时，可以用心去感受孩子进步的点滴。

我们需要体味这些生活中的细节，并不是说它们多么具备美感，而是我们需要去体味自己所做的事情。我们不能把这些事情当成人生的负担，当作单纯的任务。因为这些事情是生活的一部分，这里面有许多值得我们自己去寻找和感知的东西，我们总能从中发现乐趣，让自己活得更加充实。

很多人都说，人生像一个沙漏。虽然漏斗内装着无数的沙粒，但谁也不能让这些沙子一下全部流出来，所有沙子都得一粒一粒地往下流。

学会拒绝，否则累死还不落好

畅销书作家陆琪说过：大家都以为，帮人才有力量，而实际上，拒绝是一件更有力量的事情。你在职场里学会拒绝，人们才知道你的底线，才明白，哪里是可以欺负你的，哪里不可以。你不会拒绝，那么所有事情就都是你应当做的。

热播剧《三十而已》中的钟晓芹，就不懂得拒绝，是职场"烂好人"的典型代表。在上班的时候，钟晓芹就像个保姆一样，为周围的人忙得团团转。钟晓芹有针线、坚果夹子，会修咖啡机。而在工作上，钟晓芹也处处是"保姆"。钟晓芹任职的商场，每年都会进行淡季宣传，需要各个品牌门店配合，同事们永远把最难处理的门店留给钟晓芹。又如商场要涨租，有的租户不配合，需要撤柜，这些事情也永远由钟晓芹出头。所以无论是工作之外的杂事还是工作之中的硬骨头，人们往往开口闭口钟晓芹，而钟晓芹也从不说半个不字。哪怕是在她有身孕的时候，依然如此。

钟晓芹这样卖力，老板没有给她涨薪也没有给她升职，虽然如此，钟晓芹仍然乐此不疲。因为她可以在为别人忙的过程之中，感受到自己的价值。后来，钟晓芹流产了。钟晓芹在家休养了一段时间。她本以为，这段时间里，公司里的同事们没有她，会乱成一锅粥。但当她重返公司的时候，发现每个人都在自己的轨道上正常运转着，谁也没有因为她的缺席而无法自理。于是钟晓芹认识到，她其实没那么重要，抻着她不去拒绝他人的那一根稻草就此崩断了。

我们从小便被教导，要设身处地为他人着想，要急人之所难，但我们也要适可而止，也要视情况、视能力而定。毕淑敏曾说过："拒绝是一种权利，就像生存是一种权利。"而不敢拒绝，只会委屈自己。没有原则地迎合与讨好，也只能让自己成为任人宰割的羔羊。我们有权利对任何一个人说不，这会让一部分人疏远你，但你也会因此从无休无止的替人忙这忙那中解脱出来。

其实拒绝没有那么复杂，也不需要想太多理由，我们就很明确地告诉对方，我在维护自己的利益，这也没什么不好。

我们要学会拒绝。我们要有意识地建立起自己的个人边界，在自身与他人之间设立一道防线，这道防线之内就是我们的禁区，但凡有人跨进来，我们都有权力让他出去。只有通过多次拒绝，让人们看清楚了你的防线在哪里、你的底线是什么，他们才不会一次又一次地跨进你的禁区去伤害你。拒绝会让人产生距离感，但同时也会让你得到应得的尊重，让你少受损伤。

要想在职场中建立起一条适合自己的防线，我们首先必须对自己有一个精准的定位，清楚自己的需求和方向。遇到不满不快，也要开诚布公地沟通，不要闷闷不乐地去忍受。先倾听，再表达，让对方明白你的立场，了解你的难处。同时你也要放正自己的心态，不用害怕得罪人，因为在职场中，你可以用成绩说话。

拒绝也是有方法的，我们拒绝的目的是维护自己的利益，但拒绝本身是一件令人颇感难堪的事情，处理不好容易得罪人。诚恳地解释原因，取得理解和谅解比拒绝更重要。有时候我们直接说"我不能"或"我不行"会显得太过呆板和生硬，因此拒绝了他人之后，我们可以适当地缓和一下气氛，例如说一句："我知道你是一个通情达理的人，你肯定可以理解我的苦衷。"

第五章

思维极简，挖掘问题的本质

▌不被表象迷惑，找到真正的问题所在

《笑傲江湖》里有一套绝世剑法，名叫"独孤九剑"。这套剑法强调以无招胜有招。每逢临敌，用剑者先不出招，等敌人出招，然后寻觅敌人剑法中的破绽，后发先至，一招制胜。这里"无招胜有招"所强调的制胜法则，就是发现问题。

英国化学家波普曾说：对于一个问题的重新简洁陈述，常常碰巧能够向我们揭示出它的几乎全部解决办法。

发现问题，有助于解决问题。在管理学上，这种观点被称为"吉德林法则"。

发现问题也就是对问题进行正确的界定，如果问题没有界定清楚，再多的争斗、再多的想方设法都是徒劳。就好像打靶一样，还不知道靶心在哪里就胡乱射击，怎么能够命中？因此，对问题的界定，是问题能否得到解决的关键影响因素。大多数面临困境或困惑的人，都觉得自己知道自己所面临的问题是什么，而事实是，有时候他们的认知并不准确。

下水道突然冒出来很多臭水，搅得满屋子都是臭味，这个时候你先去打开窗户放臭气，然后又拿出拖把把臭水拖干净，但就是没有调查下水道冒水的原因，突然下水道又冒出来许多

臭水，岂不徒劳一场？再比如兄弟两个人吵架，可能刚开始是因为分家谁可以分到更多财产，吵着吵着又吵到了谁娶媳妇花的钱更多，后来又转到谁不孝敬父母、谁应该在孝敬父母上出更多力。在整个争吵的过程中，不断翻出更多其他事情来使问题越来越复杂，事态越来越严重，但最需要解决的问题，还是谁可以分到多一些家产。工作学习上也是如此，我们在解决一个原始问题的时候，总会无缘无故牵扯到许多无关紧要的问题，弃原始问题于不顾，任由它衍生出越来越多地新问题。这根本无益于问题地解决，还会让事态进一步扩大。

　　而且有时候，我们还会采取一些错误的解决方式，治标不治本，让自己误入歧途。

　　有个叫林萧的女孩，有强迫症，总强迫自己洗手，每隔一两个小时就要去洗一次手，但是无论怎么洗，她都觉得自己的手很脏，也总无法抹去心中那一抹对这脏的厌恶感。后来，她的双手开始出现过敏症状。为了解决这一心理上的困扰，林萧去向心理医生寻求帮助。医生说："你的问题不在手，而在于内心缺乏安全感，但自己又没有能力建立起安全感，所以你很无力，你内心深处又不得不回避这个问题。为了消除这种无力，你把注意力转移到了手上。当你认为自己手很脏的时候，你觉得这会影响健康，等同于自身安全受到威胁，你就会不断洗手，以此来获得对健康的保障，获得一定程度的安全感。但这很表面，并无法弥补你内心真实的恐惧和焦虑，于是你不断洗手，还总觉得手脏。"

我们没有发现问题所在，往往便会看似在解决问题，实则徒劳一场。就好像一个人在与自己的影子对战，无论用什么手段也无法伤害对方分毫，只是徒增消耗。要想解决问题，必须把问题找出来。

在电影《史密斯夫妇》中，一开场便是男主角约翰·史密斯和女主角简·史密斯，两个人在向一个心理医生寻求解决婚姻危机的方法。两个人都是杀手，又都对对方隐瞒了自己的杀手身份。生活上，有时难免会因为执行任务而产生一些摩擦，这些摩擦让彼此生疑，但两个人都是高手，谁也没发现对方太大的破绽。这些摩擦产生了隔阂，导致了婚姻危机。两个人向心理医生寻求解决方案，其实真正问题的症结在于两个人都说了谎话。而最终也正是因为双方公开了身份，他们的感情危机才最终解决。

有一幢写字楼，许多租户都向物业抱怨电梯太慢。如果换一个更快一些的电梯，需要拆除这幢写字楼很大一部分，在经济上不划算。物业管理人员通过一番商讨，认为人们也许并不是觉得电梯太慢，而是觉得在等待电梯的时候太过无聊。于是物业请来木匠，在电梯间安上了一面大镜子。当人们在等电梯的时候，可以对着镜子整理衣衫，或者头发。有事可做之后，人们对电梯速度的抱怨居然就消失了。

有时候解决问题既复杂也简单，关键是你有没有发现问题的病灶在哪里。不对症下药，只会南辕北辙，离问题地解决越来越远，而找到了问题的实质，就会像庖丁解牛一样，一切都会迎刃而解。

一个真正高效的人，往往不是最先行动的人，而是最快发现问题的人。生活中，每遇到问题，先拿出一刻钟来思考问题出在哪里，这会让我们简化问题，少走许多弯路，省去许多不必要的麻烦。

▎善问为什么，挖掘问题的关键

生活中我们会遇到各种各样的问题，当我们在着手解决的时候，又总会提出许多近乎白痴的疑问。这些疑问看似在寻求解决问题的关键，在征求意见，其实更近似在抱怨和踢球，对问题的解决起不到任何积极作用。

这个问题怎么又发生了？

为什么这么多紧急需求？

你为什么这么生气？

你中午想吃什么？

你想要什么礼物？

……

这些问题本身就是有问题的，它不够具体化，不够明确，没有灵魂，甚至有些根本就不该问。这些问题问出来后，大多数情况下你得不到答案，只会得到另一个反问。而且如果你问的是老板或女朋友，还会被批评没脑子，话语权变低。所以我们要善于提问，因为提问就是在寻找问题的关键。

现代管理学之父彼得·德鲁克说：我不是什么管理之父，我只是一个喜欢问客户刁钻问题的人。无论是什么方面的事情，先问几个有价值的问题，总会获益很多。

许诩是一位犯罪心理研究方面的天才，每次案件发生后，她都采用提问的方式，抽丝剥茧，寻找到罪犯踪迹。

比如，人贩子噜哥逃往缅甸，许诩等人飞往缅甸抓人，但一直没有找到噜哥的踪迹。噜哥肯定有自己的靠山，许诩一方对此人姓甚名谁却毫无头绪。长时间没有突破，许诩开始根据已有的资料对自己发问：是什么样的人，能让噜哥这样一个女枭首俯首称臣，绝对信任？

通过一系列发问，许诩的脑海中不断蹦跳出一个又一个标志词：情侣、30～40岁、单身未婚无子女、魅力、暴力、施虐、自负等。通过分析，许诩在心中描摹出了噜哥的靠山，珀将军的画像。并在珀将军出现的时候，一眼便认出了他。

还有一次，许诩因为调查一起变态杀人案件，被变态凶手林清岩劫持，林清岩没有留下任何有价值的线索。搜查人员只能大海捞针。这时，许诩的搭档季白采用了提问法，他问自己：抛开许诩，单从一个变态杀人狂的角度分析，林清岩会把自己的猎物带到哪里去杀害呢？

最终季白推测出，林清岩把许诩带去了上一个案发现场，顺利搭救了许诩。

每当遇到问题，不要首先下结论，把判定转化为提问。不断提出好的问题，就是在寻找病灶，这可以把我们从一个封闭的角落引向更开放的维度。

许多伟人都有一个共同的特质，那就是善于独立思考，善于问为什么，善于提出一个又一个高质量的问题。这样的例子有许多，瓦特会问为什么水开之后壶盖会被顶起来，牛顿会问为什么苹果会从树上掉落，爱因斯坦会问一个人以光速行驶会看到什么，这些名人典故充溢在我们小学生涯的每个角落。

其实，有效的思考就是在不断地提问中获得的，或者也可以说，提问就是在思考，而且是一种更高质量的思考。

那么我们该怎么样提问，才能增强自己的问题的有效性？

首先，我们要带着目的去提问，例如我们自问为什么我起这么晚。休息日的时候你不会问自己这个问题，只有工作日的时候因为起得晚耽误事情了你才会问。查找晚起耽误工作的原因，是你这个问题的目的，有了这个目的，你就不单单会从起晚的原因这一个角度看问题，你还会想，我是否对这个被耽误的工作重视度不够？还是我太过在意这个事情而导致失眠了？

其次，提问需要包含细节，可以是一直没问到的点，也可以是当前最需要了解的点，总之它很具体，绝对不笼统、模糊，只有具体的问题才包含一部分问题的本质。

再次，我们在提问时还可以问一些整合思绪的问题，能把所有相关细节串起来的问题。这些问题可以横向联系多个片面，也可以纵向联系起前因后果。

最后，我们如果是在向外发问，还要注意询问的时间地点，询问的问题是否会对被问者产生一定的负面影响。我们最好在心里盘算一下，自己想问的问题中，哪些会是对方不想回答的。同时我们在进行询问时，也要传达出自己更倾向于了解问题的哪些方面。比如你想减肥，那你是想通过减肥来获得男朋友的好感，还是只是想获得自身的美丽？这些额外信息需要透露给被提问者，可以有助于问题更有倾向性地被解答。

电影《教父》里有一段台词说：花半秒钟就看透事物本质的人，和花一辈子都看不清的人，注定是截然不同的命运。

看透事物的本质，就是在发现问题的关键；而发现问题的关键，最需要的就是有效提问。

▎构建思维金字塔模型，让思维更清晰

金字塔结构是指，我们在表达任何内容的时候，首先归纳出一个中心思想，这就是塔尖。中心思想之下再延展出更次一

级的论点，作为支撑，这就是塔身。一级论点被二级论点支撑，二级论点被三级论点支撑，论点如此反复朝下延展，直到最后一级，这就是塔基。塔尖、塔身和塔基所组成的结构就是金字塔结构。

金字塔原理的基本结构是：结论先行、以上统下、归类分组、逻辑递进，这也是使逻辑清晰的四个原则。

结论先行：一次表达只提出一个中心思想，且放在开头。

假设，有个人给你发来了这样一条消息：

我昨天没带伞，在公司加班到深夜，出了公司大门发现下雨了。好在公司离我家不是很远，想打车等了很久没等到，我便冒着雨跑回了家。所以我请了假，着凉感冒，有些发烧。昨天吃药今天也没好，不过也没什么大碍，估计休息个一两天就可以。我的报告已经写好了，昨天加班就是为了它，你有时间的话能否帮我打印一份交给领导？

这条信息十分混乱、啰唆，不看到最后都不知道是在求助。按照结论先行的原则，应该这样表述：

我想请你帮个忙，帮我打一份报告交给领导。

我昨天感冒今天请了病假，在家休息。报告我 QQ 转给你，你在公司的打印机打印好后，交给徐总。你这边方便吗？

如此描述，思路清晰，既简洁又好理解。

以上统下：高一级别的论点，必须是对下一级别论点的概括和总结。

2020 年上半年，辰东所在的公司离职率偏高，领导组织开会讨论，要求人人畅所欲言。辰东作为人事部门负责人，最有发言权。他查了很多资料，充分准备了一番。

首先辰东列出了一个提纲，共分为三步：

1. 阐述离职现象；

2. 阐述离职原因；

3. 阐述应对方法。

提纲之后，辰东又分别做了更详细的论述。首先辰东指出：人力资源部的资料显示，今年上半年共离职 40 人，去年一整年离职人数 36，离职人员多集中在研发、生产部门。其次辰东总结了员工离职的四条主要原因。最后辰东又提出了三条具体的应对措施。辰东如此论述，条理清晰，资料周全，让领导眼前一亮，立刻对他刮目相看。

归类分组：每一组思想或者事物，必须属于同一个逻辑范畴。

张谨想要出去买份杂志，妻子对他说：正好帮我带点鸡蛋、橘子、卫生纸、酸奶，土豆也不够了，还有，我想吃葡萄了。林林总总妻子接连说了 7 样东西，这对于绝大多数人的记忆力来说都是一个挑战，张谨也只记住了一半。这时归类分组原则就派上用场了。针对妻子随口列出的购物清单，张谨可以告诉自己，这些东西总共可分为四类，蔬菜、水果、乳肉蛋奶和卫生间用品，水果有橘子和葡萄，蔬菜有土豆，乳肉蛋奶有鸡蛋和酸奶，卫生间用品有卫生纸。

归纳分组之后，记忆起来，相对便容易许多。

逻辑递进：每组思想都必须按照顺序排列，包括时间顺序、结构顺序、程度顺序。

2020 年 9 月 14 日，一起大学生用短信辱骂外卖小哥事件刷屏网络。外卖小哥在接受采访的时候，首先展示了大学生辱骂他"底层猪"的短信截图，随后又进行了一番逻辑缜密的陈述：我当时没有超时，打电话客户未接，我就上报了无法联系到客户。然后配送下一单，隔了有 8 分钟，那个学生打来电话，说你立马给我回来，我说 2 分钟后保证送到，我问是送北门还是西门？他说你给我送到楼下，我说没法进去。他说我不管，你就给我送过来。我这才问，你第一次点外卖吗？疫情防控期间，没法进校门。后来我们还是商量好在北门碰头。但送完后 5 分钟左右，他给我发了这条辱骂短信。当时我十分生气，现在想想，也不能跟学生计较，毕竟他们刚入社会，不懂事。事件被报道出来之后，学校专门发布通告批评了涉事学生，网络上也是对这个学生一片声讨。外卖小哥首先解释了他工作上没有任何失误，其次解释了自己为什么问"你第一次点外卖吗"这样的问题，最后还呼吁理解学生。单方面看来，这波操作，逻辑缜密，无懈可击，错全推在了大学生身上。这就是逻辑递进原则的威力。

金字塔模型，一般有两种搭建顺序。

一是自上而下搭建，首先提出论述的中心思想，其次根据主论点写出分论点，最后用事实和数据阐述每个论点的具体内容。二是自下而上搭建，首先列出你想要表达的所有想法，其次寻找各个想法之间的逻辑关系，最后根据这些论述总结出一个结论。

处在大数据和碎片化并存时代的我们，每天所接触到的既是完整的数据，又是一条条琐碎的信息，这些信息需要我们自己去整理，然后储存在大脑之中。而金字塔原理就是这样一个可以帮助我们整理信息的思维工具，有了这个原则的指导，我们不仅可以整理出成串且逻辑清晰的信息，还可以省去不必要信息的困扰。

▌逻辑树分析法帮你厘清思路

逻辑树，是世界著名的管理咨询公司麦肯锡，经常使用的一种问题分析工具。这种分析方法，把一个问题或任务当成一棵"大树"，随后又把相关的子问题或子任务当作"大树"的"树干"，分列在后。其后还可以再添加一些更小的论点或数据，也即是为这些"树干"添上"树枝"。以此类推，最终找出问题或任务的所有相关部分。

"逻辑树"的分析方式，其实是将思维结构化的一种方式。它把庞大繁杂的问题、任务，逐步拆分，分层罗列，分解成可操作的小项目。不但有助于厘清工作思路，还有助于把每一个任务落到实处，责任到人。

通过运用"逻辑树"来思考问题，我们可以从现象深入直接原因，再深入原因的原因，一层层追问，直达问题根源。同时我们还能对所列举出来的方案，进行可行性分析。

此外，在资料的分类整理、抽象归纳方面，运用逻辑树来整理，可以做到无重叠且完备，而对于看不见的答案、盲点、关键因的查找，逻辑树也优于同类分析方法。

逻辑树共分为议题树、假设树、是否树三种。

议题树：我们对问题不了解，或者需要进行全面分解的时候，可以使用议题树。即是说，议题树用在解决问题的初始阶段。

运用议题树的时候，首先画出一个从左至右的树状图。随后明确主要问题，再次将问题进一步分解，提出第一层级的问题。紧接着将第一层级的问题再做分解。以此类推，直至穷尽所有相关事项。

我们需要注意的是，议题树的每一个层级都是一个明确的解决方案，但并不一定是最终方案。同时，我们在每分析一层问题时，也不要过多深入。只做表面思考，解决表面问题即可，这样也可以降低思考的难度。

例如我们想要烤一个苹果派，思考结构如下图所示：

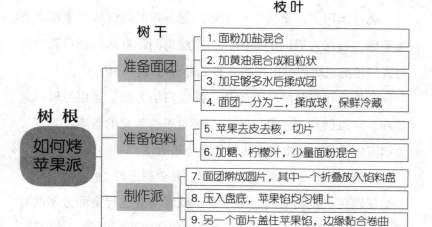

假设树：我们对问题已经有充分了解，并且可以提出假设性的解决方案。在对这个方案进行可行性分析的时候，我们可以采用假设树。即是说，假设树用于验证。

运用假设树的时候，首先要画出树状图，随后提出我们的假设。其次，把对假设有支持意义的论点分别列举出来。紧接着逐步分析每一个论点。

我们需要注意的是，假设树不需要展现问题的全貌，只要足够验证假设是否可行即可。并且我们要细致地分析每一个论点，直至判断清楚该论点是实证还是伪证。因为只有所有论点都支持我们的假设，假设才可以通过。

例如我们想要买一套房子，随后我们对这个假设进行次一级分析，提出了三个论点：一是财力充足，二是现在的房子过小，三是现在房价不高。再之后，逐步对每一条论点进行细致分析。

针对财力充足，可以列举出我们的存款、月薪、日常花销，近阶段有什么需要钱的地方等。针对现在房子过小，我们可以列举出家庭的人口数目，家里需要摆放的物品等。以此类推，最终得出结论，确定自己是否该买新房。

是否树：是否树也应用于判断一个方案是否可行，但结构比假设树要简单很多。

运用是否树的时候，同样首先画出一个树状图，随后提出一个问题，并对这个问题进行或"是"或"否"的判断。紧接着再提出第一层级的问题，同样也要进行或"是"或"否"的判断，后面以此类推。

我们需要注意的是，是否树的分析结果只能为"是"或"否"。在判定一个问题的答案为"是"之后，就不需要再往下继续进行分析了。比如我们是否能靠节食减肥成功？答案如果为"是"，就按照这个方案执行即可。但如果结果为"否"，则需要进一步进行深入分析。

例如我们想知道自己"为了能够瘦下来是否应该加大日常

的运动量"，思考结构如下图：

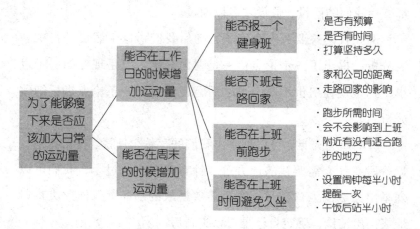

假设树和是否树都需要我们对某一问题有充足了解之后，才能使用，且使用是否树的时候，还要能提出十分具体的问题解决方案。因此，我们在运用三种逻辑树的时候，要注意辨别自己对正在面临的问题的了解深度。

化繁为简，将复杂的问题简单化

无论在哪里工作，干什么工作，总难免会遇到一些复杂的人和事。有的人可以干脆利落地解决这些复杂人事，有的人却只会将一团乱麻越绕越乱。其中一个很重要的原因便在于，有的人喜欢简化问题，有的人却喜欢将问题复杂化。

某一期的《奇葩大会》中，国产谢耳朵毕导为不爱洗袜子的伙伴们带来了福音。毕导同样讨厌洗袜子，他准备建造一台洗袜子机。

　　首先，毕导根据洗衣机的工作原理，准备了一个盆、一台电脑的主机风扇以及两个磁子。机器制成之后，毕导找来袜子一试，发现力量太小，转不起来。为了提高旋转力度，毕导又找来电动打蛋器，这次因为袜子总跟随着打蛋器的搅拌棒绕来绕去，仍无法正常清洗。

　　这时，毕导想起来，以前没有洗衣机的时候，人们常用一根木棒捶打衣物的清洗方式。想到这里，毕导找来一面鼓，把袜子放在鼓面之上，又倒上了一些肥皂水，然后开始用鼓槌打袜子，这种方式比正常洗袜子还要累。紧接着毕导又找来一些上发条的玩具小人，这些小人手持鼓槌，且手臂可以上下摇晃。毕导便用这些小人帮他完成捶袜子任务。问题是不断上发条也很累。

　　最后，毕导运用机械上的一种曲柄连杆装置，制成了一个半自动洗袜机，毕导费了九牛二虎之力，也没有得到一个完全满意的结果。

　　现实生活中，喜欢把简单事情复杂化的人并不在少数。有的人，开会发言时，会刻意强调一下：我接下来讲的内容非常复杂，你们认真听，最终还是有许多人没听懂他讲的是什么。再比如职场上有些领导，不懂的不该管的，偏偏非要插手，找存在感。还有的人总是爱多想，别人一个目光、一个轻微的动作，都会引起他内心的翻江倒海，而且越想越复杂，越想越心烦。这都是把简单的事情复杂化。

问题一复杂，我们便不好找到事情的关键点，迷失方向，费时费力，做无用功，还没有效果。工作效率降低，但出错率会提升，就和我们高考时的最后一道数学大题一样，它之所以困难，就是因为它结合了多个知识点，十分复杂。

真正的智者，是那些把复杂事情简单化的人。

世界著名企业家稻盛和夫，是三个世界500强公司的缔造者，他曾说："我一直在不断努力，试图做到把复杂的问题简单化。"

稻盛和夫曾坦言，创业之初，自己对财务一窍不通，即便看了利润表和负债表，还是一头雾水。他曾看着资产负债表，向会计提问："咱们公司的资本金，应该就是表中左边的货币资金与右边的资本金及未分配利润的总和吧？"

会计一脸无奈，说："您这说的什么呀？资产项目的合计应该等于所有者权益项目和负债的合计。"

稻盛和夫不解，问："右边的资本金为什么要和负债列在一起，这不该算是公司的资金吗？"

会计说："您太外行，我解释不来。"

稻盛和夫说："嗯嗯，但只要从销售额中减去费用，就是利润，我这个理解总是对的吧？"

会计说："确实如此。"

稻盛和夫说："那就行了，我们要做的是，追求最大的销售额和最小的花费，我知道这些就可以了。"

　　自从这次交谈之后，稻盛和夫便把简单明了作为自己处事的一个原则。可见真正聪明有头脑的人，都是把复杂事情简单化的人。

　　复杂的问题简单化，就其本质而言就是善于抓住事物的本质，不被表象牵着鼻子走。世界上的事物纷繁复杂，仅仅表达一个简单的"你好"，就可以用上百种语言来说。虽然表象如此丰富，但其本质和规律是相对稳定的。

　　我们在讨论问题的时候，不要摆现象、讲许多例子，直接说内在的要领。遇到有人想要利用你的职权谋私利的时候，不过多考虑感情和关系，照章办事，一视同仁。在动员下属去干某件事情的时候，也只把握住一两个关键人物，努力把关键人物说动说通。这样下来，无论你做什么事情，都会觉得既简单又容易，还有效果。

　　老子说："大道至简。"所强调的正是万事万物，越到最高级，最顶层，越简单纯粹，越一目了然。世界上的事物，越简单越接近本质和真理。你简单，世界就不会复杂。

▍抛弃经验，跳出常规思维的陷阱

你是否一直在遵循着习惯的套路工作？是否一直在用同样的模式思考？你又是否特意在网上查过一件事情最快捷的处理方式？我们为了保险起见，总在经验和成规的背后亦步亦趋。我们运用成熟的思维模式，的确可以保证处事时不失误，但同时，这也会让你止步不前，失去创造力，还会让工作变得乏味，事业前途渐渐狭窄。

有时候，习惯的这条路，方便有效，但不一定最优、最适合你，最能激发你。同时，经验在一定范围里可以成就你，但从更高的角度看，它也会限制你，甚至毁灭你。因为经验有局限，而且分时间场合。

那些真正厉害，或总是一鸣惊人的人，往往不遵从常规，不按常理出牌。

2018年10月25日，"最励志的小哥"在抖音上发布了第一个铁杵磨针的视频。视频里，励志小哥手拿一根一尺多长的钢筋，坐在一个马扎上。在他身前，摆放着一块电视机大小的磨刀石。励志小哥简要介绍了一下自己要把手里的钢筋磨成绣花针的目标，随后在磨刀石上撒了一些清水，便磨了起来。

日复一日，励志小哥从墙根底下磨到了院子里，又从院子里磨到了草原上。最初他自己一个人磨，后来亲朋好友换个来帮着他磨。到后来，磨刀石上已经出现了一条宽 5 厘米、长 20 厘米、深 30 厘米的裂痕。励志小哥这一看似无聊的举动，为他赢得了 30 多万名粉丝。

不按常理出牌的人总是能打破常规，甚至和别人的想法背道而驰，让人觉得不可思议的同时，更佩服其别致的思维模式。

在上海寿宁路的夜市里，有这样一对摆地摊的姐妹。每次摆摊的时候，她们用折叠式衣架一次性摆出上百件衣裳。奇怪的是，这些衣裳每一样都只有一件。有人试过衣裳之后，表示有意要买。她们会说：这里的衣裳只有这一件，不卖，我们有实体店也有网店，货都在店里，咱们可以加个微信，你把这款衣裳的编号以及你的尺码、地址发我，明天我发同城快递给你，在网上下单还有优惠，货到付款就行。这对姐妹靠着这样的方式卖货，旺季的时候每天都能卖出上百件衣裳。

面对问题，我们的本能反应都是依照经验去解决，看似没有风险的背后其实风险最大。优秀的人总能迅速做出经验之外的反应，求异发散思维反而能迅速找到问题的出口。

法国心理学家爱德华·德·波诺曾提出，人类有两种极其相异的思维模式：垂直思考和水平思考。

垂直思考指收敛地进行思考，把许多想法都集中在一个点上，强调逻辑。水平思考指发散地思考，从问题出发，自由联想，不受界限和逻辑的限制。例如我们在观察一块砖的用途时，用垂直思考，我们只会想到这块砖可以用来盖房，用水平思考，我们则会想到，这块砖垫在脚下可以增高，摔碎了可以用来写字，还可以用来当教学用具，等等。

运用垂直思考我们往往会陷入思维惯性，不易创新，但运用水平思考，可以让思考获得自由，变得流畅，进而突破传统思维，产生大量的创意。

美国著名的组织社会心理学家卡尔·维克曾做过这样一个有意思的实验。他把一只蜜蜂和一只苍蝇分别放进两个玻璃瓶中，然后把玻璃瓶放平，平底朝着窗外明亮的阳光。随后卡尔·维克打开了瓶子盖。

谁会最先从瓶子里逃出来呢？

实验研究发现，苍蝇每过两分钟，便从瓶口逃了出来，而蜜蜂，则一直朝着瓶底的阳光横冲直撞，最后力竭而亡。蜜蜂根据自身经验，认为最明亮的地方必定是出口，所以它一直在瓶底周旋，苍蝇忽略了逻辑，四下乱飞。从行为本身来说，蜜蜂是垂直思维，苍蝇是水平思维。蜜蜂更加有逻辑，智力上较苍蝇更高一筹，但因为故步自封、没有随机应变而惨遭身亡。

在总结经验的时候，卡尔·维克认为，面对世界的复杂和多变，我们不应该仅仅依赖教条式的经验，我们更需要即兴发挥、冒险和不断尝试，而水平思考正是这种智慧。

具体来说，最为常用的水平思考方式是逆向思维。逆向思维有一个突出的特点就是反传统、反定势，强调推新出奇，虽然往往出乎意料，却一定在情理之中。

逆向思维常用的形式有四种。其一，程序逆向，指颠倒事物已有的排列顺序或位置。例如田忌赛马。其二，观念逆向，从与事情固有观念相反的方向思考。例如遇到坏的事情时，往更坏更糟糕的方向想一下，坏事便会变成好事。其三，功能逆向，从事物现有的功能进行反向思考。例如风会助长火势，但有的人发现，在火势较小的时候，风可以降低温度，还能将空气吹得稀薄，于是发明了风力灭火器。其四，原理逆向，从与事物原理相反的方向思考。

例如伽利略在做实验的时候发现，水的体积会随着温度的变化而变化，于是他反过来想到，这也说明了通过水的体积变化，可以看出温度的变化，于是发明了最早的温度计。

人们总是习惯用常规思维来思考问题，其实这背后的隐藏逻辑就是人们更倾向于用习惯来解决问题。当人们的习惯经验可以解决当前遇到的大部分问题时，很多人就懒得再去多动费心费力去寻找其他路径和方法。

当人们的思维开始自动选择偷懒模式，其实就是他的思维模式开始固化了。这时候我们就要提醒自己，不要陷入常规思维的陷阱。人们还会遇到很多问题，只有你的思维模式多样化，才能更好地解决很多突如其来的问题。

我们要有意识地训练自己，不要只寻求正确的答案，而是不断从新的角度寻求解题方式，以批判的眼光看待一切既成的经验，不断反观，不断从侧面看现状，不断把资源与信息重组。

　　打破常规思维，从本质上来说就是要我们跳出舒适区，去寻找更多可能性。

第六章

情感极简，
只爱对的那个人

▎有些人，爱得再深也不必等

无论爱得多么深、多么执着，也要给自己、给对方一个时限和底线。被伤害到什么程度，被敷衍到什么地步，被拖延到什么时候，总要有个尽头。

电视剧《怪你过分美丽》中的管弦暗恋于江多年，于江也喜欢管弦，但最终还是选择和富家千金祝贺步入了婚姻的殿堂。后来，于江和祝贺秘密离婚，和管弦生活在了一起。于江与祝贺离婚的消息不能公开，因为在于江创办的公司里，祝贺是最大的股东。

于江为了公司的发展，告诉管弦需要她委屈一下，耐心等待一段时间。但一直到管弦有了于江的孩子，孩子流产了，于江仍然没有给管弦一个应有的名分，甚至管弦流产的时候，于江都没有陪在她身边。管弦终于不得不承认自己爱错了人，痊愈后，她与于江分手了，又回到了从前独自美丽的样子。

没有人可以守着一个美好的许诺满怀愁怨地生活一辈子。人是会厌倦的，当一个人失望到极点之后，再继续深爱，继续等待，也只会显得自己没有自尊，不够自爱。一个人委屈得久了，委屈的次数多了，心便会感到劳累，爱也会开始疲倦。即使还在爱着，存留在自己这边也只会是空虚、怀疑、怨恨和深深的无力感。既看不到未来，也看不到希望，陪在自己身边的只有自己的失落和对方的敷衍以及一拖再拖。

安妮宝贝说："等待是一场无声的溃烂。"

等待许久之后，其实你心里已经很清楚，这个人不必再等了，再等也只是你自己放不下。那些看起来浪漫的举动，看起来好像是在努力、在争取的行为，等到答案最终揭晓之后，你会发现，也只是自己空付了一腔深情。

我们终将要醒来，那便不如早早醒来。我们终将要放手，那便不如早早放手，有时候放手也是让自己自由。

用情至深可以，但是，在准备全全投入之前，你最起码要衡量一下，这段感情是否值得你付出一切。

已婚的人不必等。大多数的婚外情并不能有一个完整的结局。如果在你已经决定结婚的时候，对方却搪塞说："结婚是一定会结的，不过我需要一个时机摊牌，希望你再给我多一些时间，我要毫无后顾之忧的给你幸福。"这时你最好不要相信这个承诺，因为这句话里包含着太多的意思，这说明他在考虑妻子的感受，在考虑家和孩子，这也说明他对你可能只是一时兴起而已。因此即便你选择相信，也不要给对方超过一个月的准备时间。否则，为了这个承诺，你不但要忍受异样的目光，忍受流言蜚语，还要忍受内心的煎熬。最重要的是，绝大多数情况下，你等到的只是一场空梦，等到的只是对方腻烦之后，对你说："对不起，我们不合适。"

不爱你的人不必等。一个不爱你的人，你付出了自己的一切他也不会在乎。你等到天荒地老，他也不会回过头来牵你的手。你五次三番表白之后，对方一直在说："我不喜欢你，我们不合适，对不起。"这时候你继续努力，继续苦等还有什么意义。你也不必苦思冥想，怎么他就是不喜欢我呢？不喜欢和喜欢一样，是不需要理由的。

拖着不想结婚的人不必等。双方到了谈婚论嫁的程度，对方迟迟没有答案。其理由有如下三种，其一，为了自由，不想被婚姻束缚，承担过多的责任；其二，并不抵触婚姻，只是不想和你结婚，因为你没有经济基础，和你在一起看不到未来；其三，在等待更好更合适的人。出现这种情况之后，要么结婚要么立即分开。

开始敷衍你的人不必等。在当初追求你的时候，对方有事没事总在你身边乱晃，每天都给你发消息，给你打电话。在一起时，他总有聊不完的话题，有时候聊得你都嫌烦了。如今却和你聊几句便无话可说，在你想让他陪你的时候，他总是有这样那样的理由推托。出现这样的情况，说明你该放手了。因为敷衍如果没有背后隐情，唯一的理由就是不再爱你了。

喜欢猎艳的人不必等。有了你之后，对方依旧十分花心，在各种交友软件上寻求刺激。你批评他的时候，他不但没有一丝愧疚，声称自己只是玩玩而已，反说你思想不够开放。你为此成天担惊受怕，不知道什么时候便又冒出来一个第三者。出现这种情况，说明你该放手了。

有的人，你等不来；有的人，你不必等。无论你对他多么深爱，又或者你们曾经多么深爱，无论你们因为什么分开了，你们终将会是彼此的过客。人生的旅途中就是在不断地相遇分开，分开相遇中前进。相遇就好好珍重，分开就好好说声再见。唯有放手，才能更好地张开双臂拥抱明天。

▌对不喜欢的人，越早拒绝越好

宋小雨终是憋不住心里的秘密，把烦恼了几天的事一股脑倾诉给好友张博。她说有个男生向她表白，但她并不知道该怎么回答。

张博问："你对他有感觉吗？喜欢他吗？"

宋小雨说："他虽然不错，但不是我喜欢的类型，我对他没有心动的感觉，聊得来而已。他突然对我表白，吓了我一跳呢。我本想当时就拒绝，又怕他伤心，可我确实不喜欢他，只好说让我考虑几天。"宋小雨两只小手纠缠个不停，看得出她很为难。

宋小雨是个性格内向型的姑娘，她不善于拒绝别人，从小就被"老好人"的标签贴到大，她的人生字典中似乎未出现过

"不"字。此次被人表白后，她虽然拒绝了，但拒绝得很模糊，这让那个男生感觉还有希望，于是继续追求她。宋小雨出于愧疚和朋友的怂恿，最终接受了男生的再次告白。

但这段感情维持得有些艰难，宋小雨很憋屈，也不快乐，每天想得最多的就是如何分手。虽然后来分手成功，对方却因受伤太深而常买醉，宋小雨内心也充满煎熬。

网上有这样一段话：特别害怕不喜欢的人来喜欢自己，不仅没有任何快乐感，还要费时费力迎合对方，想着如何小心翼翼拒绝又不伤人，不让自己有负罪感。

被追求或被表白，却不好意思拒绝，原因无外乎是你对他有一定好感，但没有心动的感觉；或者你们是关系不错的朋友，不想让对方难过；又或者你天性善良，重视感情又多愁善感，凡事就算为难自己也不愿意伤害对方。凡此种种因由，于是习惯性选择"拖"着，能拖一天是一天。但现实情况是，拖得越久，对方陷得越深，你越难以拒绝，整天像躲债一样神经兮兮地应付着躲着，其结果却事与愿违，伤人又伤己。

有人曾经说过："喜欢一个人，就大大方方地在一起；要是不喜欢的话，那就干干脆脆地拒绝。"在成年人的世界里，越直接越简单越好。

拒绝一个自己不喜欢的人，没有想象中那么困难，学会有效拒绝他人的爱意，才能从糟糕的情感乱麻中尽快挣脱出来，彼此解脱，回归正轨。拒绝他人，可以尝试以下几种做法。

从一开始就说"NO"。作为成年人，我们很容易分辨出一个人对我们的情感是友情还是隐性追求。当你发现对方的举动过于热情时，就该学会保持一定距离，不随便接受对方的好意，对一些能避免的行为及时说"NO"。

　　态度决绝。面对明确的追求，如果你明确内心想法"我不喜欢他"，就不要回复他的任何聊天信息，不接听电话。切忌犹豫不决，一定要让对方感受到你的决绝，明白他毫无希望。但凡中间心软一次，对方心里肯定会觉得是自己努力不够。

　　当断即断，干脆利落，才能免去夜长梦多。拒绝别人切忌给出模棱两可的答案，有太多人喜欢这样拒绝人："我挺喜欢你的，但我现在还不想谈恋爱。"给出这样的话，还不如直接说句"我不喜欢你"更实际。给人希望，哪怕是微茫，也可能造就长久的痛苦。不必说太多模棱两可的话，让欣赏你的人体面退场，才是最善良的方式。

　　拒绝一切单独见面的邀约。有时候对方会想出各种理由约你单聊。请记住，你的目的是断绝对方的心思，绝不可以满足他的任何要求，例如吃饭、逛街、看电影等，因为不清不楚的暧昧关系，更容易伤害到对方，也会给自己带来麻烦。

　　明确择偶标准。有些人被不喜欢的人追求或告白，之所以接受或妥协，除了不懂得拒绝对方，还有一点是不清楚自己真正喜欢的类型，于是就想试着交往交往，不清不楚地接受了对方的爱意。所以，不想被无果的爱情蹉跎，一定要明确自己的择偶标准，心中有目标，对拒绝别人也有帮助。

规避所谓的"良言"。有时，会有亲朋好友劝说"他人真心不错，先试着相处，感情可以培养"。如果你不确定心中所想，一定要明确告诉对方"我现在不喜欢你，但可以尝试相处一段时间，若我仍然不喜欢你，好聚好散"。时间一定要短，如果始终无法喜欢对方，就狠心拒绝，别再顾及别人说什么，不合适就是不合适，感情绝对不能将就。

尊重对方。有些人选择沉默，明明不喜欢也不拒绝，是想把对方当情感备胎或精神寄托，随时享受对方带来的情感填补，享受对方的撩拨与暧昧，可备胎无法弥补情感缺失。让别人充当备胎的这个行为，是对彼此的不尊重，对感情的不忠，这关乎一个人的道德与忠诚度。被人喜欢和欣赏是一件很美好的事，明知无法接受，也请别利用别伤害，更别到处宣扬他的爱意，不随处说你对他的拒绝，尊重对方也是尊重自己。

自信一些，别把善良用错地方。你必须清楚一点，你不喜欢他，更不会爱上他，他做得再多对你来说都是无用的。我们能做的，就是表明态度，明确拒绝。所以，有时候我们需要学会伤害，善意地果断地拒绝。

总之，被不喜欢的人追求，接受或妥协，结局一定不美好。将不喜欢的人极简掉，不吊着，不拖着，不耽误别人，就是不耽误自己，这是人生该有的极简原则。

▌一个不爱你的人，就别再强求了

"我感动天，感动地，怎么感动不了你？明明知道没有结局，却还死心塌地；我感动，天感动地，怎么感动不了你？总相信爱情会有奇迹，都是我骗自己……"宇桐非的这首《感动天感动地》之所以感动不了爱人，是因为一方不爱。

你情我愿是爱情的必要条件，只有双方都愿意，两个人才能走得长远，爱情是不能有半点强求的。无论你是男人还是女人，如果你爱的人不爱你，可以适当地挽留，但千万不要痴缠，不能不要尊严地委曲求全，不能以死相逼，更不能威胁。无论使用什么手段去挽留，也无法让一个不爱你的人转变思想。

而靠一方苦苦支撑的爱情不叫爱情，不过是一厢情愿的自以为是。总有人不甘心，只因为还未得到。但简叔说："得不到的永远是最好的，得到了未必适合。"

把爱的人过分完美化，是大部分人的通病。把对方想象得完美无瑕，故而难舍难分，有的人甚至已经结婚生子，依然对其念念不忘。但这世上根本没有完美的恋人或爱人。

好好想一想你为什么爱他爱到无法自拔，到底喜欢对方什么？

你眼里的那个女孩漂亮、果敢、聪明，心理素质好，还有点可爱。但这一切只是表象，了解透彻后，你会发现她自卑、感性大于理性、爱发脾气，甚至爱慕虚荣。

你爱的不过是幻想中那个完美的形象，当对方恰好具备这些特点时，满足了你的幻想，于是你认为爱情来了。可幻想之外的那个人真实、理智，他不爱你，即便你讨好、哀求，拼命追，不爱就是不爱。你认为他合适，但对方认为你不合适。而不爱不是因为你不够优秀，也不是因为你哪些方面未达到他的期许，只是不爱而已。

汪东追苏禾追了足足一年才追上，他格外珍惜这个女孩，为了让她开心，变着法地送她礼物，制造各种浪漫。但苏禾对他却是不冷不热，甚至不允许他在公众场合牵手或过分亲密。汪东常在午休时给苏禾发信息，但苏禾很少及时回复，回复的信息最多是"嗯""哦""呵呵"，尽管如此，汪东却十分满足。

一次周末，汪东邀请苏禾去城东新开的海鲜馆吃饭，苏禾却说这个周末要加班。然而，汪东却在两个人共同的好友朋友圈里看到她和几个人正在游山玩水。

汪东质问苏禾，苏禾却崩溃地吼道："我答应你，不是因为我爱你，是我胆小，你这么纠缠我，我害怕激怒你，让你做出伤害我的事。可我现在好累，你的每一个信息对我来说就像刺，我讨厌你、烦你，你让我喘不过气来，我求你放过我吧。"

爱情不是一件仅靠努力和坚持就能成功的事。你爱得再认真，再狂热，对不爱的那个人来说也是一种负担。口口声声说爱他，其实爱的最好方式是成全，让他自由。不爱你的人，请相忘于江湖。不强求，亦是对自己最大的成全。

真爱的浓情蜜意不一定尽人皆知，但一定都藏在细节里。比如，你的手在寒风里冷得冰凉，他不问，就自然地握住你的手，放衣兜里暖着。同样，不爱的冷漠也藏在细节里。

最明显的是，你收到他的消息秒回，他收到你的消息，如坠深潭，是死寂；约他见面时，他总说没有时间，他留给你最多的是聊天记录；你像个知心爱人，理解他忙，其实他觉得自己的时间很宝贵，应该用在更重要的地方（与你是浪费时间）。

人可以自我欺骗，但细节不会说谎。无奈的是，很多人宁愿自我欺骗，自觉良好，做着无望的拖延。

当你不确定对方是不是真的喜欢你或在乎你时，那一定是不喜欢的，起码不太喜欢。因为人对"爱"的感知度很敏锐，如果你感觉不到或模糊不清，那就是错觉。

电视剧中的男女感情出现问题时，一方常祈求一方说："我要怎么做才能让你满意？怎么做，你才能爱我？你告诉我，哪里做得不好？我一定改。"

别犯傻了，他不爱你，不管你变得多完美，他都不爱你。不爱不需要任何理由，即便你善良、温柔，有千百种好，可又如何呢？他就是不爱你。

你永远叫不醒一个装睡的人，也感动不了一个不爱你的人。在乎你的人，不会错过你的只言片语；不在乎你的人，你连喘口气都是对他的打扰。做人不必委曲求全，当你试着去讨好一个不爱你的人时，他只会嘲笑你的自轻，不会真心疼爱你。

　　所以我们必须明白，对一个不爱你的人，不必强求。尽管世人常说：喜欢就去争取，去追求。可真正爱上一个人的时候，唯冷暖自知。爱你的人，会觉得你的任性、放纵、野蛮、矫情都是优点；不爱你的人，你的知书达理都是古板老旧。

　　其实，你能清楚地感觉到，他是不是喜欢你、是否爱你、在不在意你，谁又喜欢你。想念你的人，他会想尽办法去你身边；在乎你的人，他眼睛里都写满温暖。倘若这些都未发生，那就别再为他劳心费神了。

　　爱情，强求不得，你既住不进他的心里，就别再朝他的世界前行。掉头吧，永远不要勉强一个曾刻意或无意拒绝过你的人，因为那是他真实的意图。千万别再卑微，你越求，越被他看不起。真爱靠的不是拼命追求，是两个人从一开始就在相互吸引。你我生来不是被嫌弃的，没必要和一个无法容纳自己的路人度过一生。

暧昧是最危险的关系

有些人在情感上十分贪婪，就像个到处要糖吃的小孩儿，永远觉得不够吃。但是，糖果毕竟只是零食小点，若将其作为正餐，早晚被饿死。这么说，并不是在漂洗"亚情人"，现实生活中，有太多人受暧昧情愫影响，对漫长婚姻产生抵触和惧怕心理。

暧昧在中文字典里的释义是：1.立场和态度含糊，不明朗；2.不光明，见不得人的。

然而都市里的男男女女如今都很喜欢暧昧氛围，有些人甚至将其作为减压方式，虽看似荒唐，却着实让枯燥乏味的生活和工作变得有激情趣味了。大多数人似乎很渴望在混凝土的世界获得一些别有不同的微妙情感。

王佐的"亚情人"茜茜，比他小三岁，他和她相识于一次聚会。而茜茜与王佐的女友截然不同，他的女友沉着稳重，喜欢按部就班做事，相恋三年，王佐都能对她有条不紊的生活倒背如流。而茜茜是个喜欢别出心裁的女孩，和她在一起，王佐很轻松、愉悦，她像个小精灵，总能带给他新鲜和刺激。所以，王佐一直希望和茜茜是之于女友之外的"精神伴侣"。

一次，茜茜不小心扭伤了脚，王佐把她送回家后，本要去赴女友的约，可看着她像一只受了伤的小猫咪，楚楚可怜地蜷缩在沙发上，王佐的一颗心紧紧揪在了一起。他伸手将她揽入臂弯，轻轻摩挲她的长发，亲吻她的额头。虽然王佐仅止乎于此，但他很享受男人那种天生对女人的保护欲。而同样的亲昵，放在女友身上，却是另一种感觉和想法。

王佐对女友是发自真心的爱，早在三个月前，他们就开始计划筹备婚礼，他心甘情愿为两个人的将来承担更多责任。但是对茜茜的情感，微妙又不忍拒绝，若说在某个瞬间王佐没有出格的想法，那绝对是骗人的，只不过那些念想就像闪电一样，一划而过。毕竟，在王佐心里，女友才是最重要的。王佐心里很清楚，若他越了雷池一步，原本所有的幸福安稳将烟消云散，况且，茜茜只适合做朋友，并不适合做他的妻子。

然而纸终究包不住火，女友知道了王佐心里住着个情感"小三"，她像发了疯的狮子，愤怒、嘶吼，恨不能将整个世界摧毁。自那之后，王佐的女友像个合格的"侦察兵"，对那个她看不见的竞争者全力角逐。虽不舍，王佐还是立刻和茜茜断了交往。

可是，只要王佐的行踪与接触者稍有不符，女友就像对待犯人一样，闹个不停。更令王佐无法接受的是，女友竟然买了窃听器，时刻监督他的一言一行。她认定他心中"有鬼"，尽管他做了无数次解释，依然无用。如今，婚期将近，王佐越发犯愁。如果女友始终带着猜忌，他们婚后的生活恐怕会鸡飞狗跳。

不是每个人都能随便与"亚情人"把玩暧昧，玩暧昧就像玩火，一不小心就会被翻滚着的热浪灼伤，更甚者被焚尽。因此，请别做情感的挑逗者，更别做被暧昧者。

所谓暧昧，不过是彼此稍有感觉，且不足以切实地发展成一段正式的关系。那感觉就好像他离不开你，你也离不开他，可实际上，各有各的阳光和空气。

当对方给你一个眼神，你能准确感受到他暧昧的火焰，这时，万不可以为你是他的唯一。因为，你也许只是他择其万花丛中随意摘取的一朵。他可能不爱你，只是刚好与你的眼神产生了碰撞，于此，谁先认真，谁就输了。

他做着各种令人误会的举动，却从不张口说喜欢你，尽管所有人都确信你们是一对，但你很清楚你们之间就像猫和老鼠，他在玩捕捉游戏，也许心里对你有点意思，若你心动，他会像救世主一样宽慰你的错付，然后立刻掉转方向，把这份喜欢瞄准其他"猎物"。

有时，所有的美好，都是自己的假想。暧昧往往是一个人的狂欢，所以，别太自作多情，对方有多快喜欢你，就有多快喜欢上别人。请记住，妙语珠连，是把你当作猎物。当你开始猜测对方的感觉时：他／她是不是喜欢我？到底是不是？他正站在井口欣赏你的迷乱。爱情不是猜出来的，只有暧昧才这般挠心，而暧昧是一种少了勇气的玩味，也许喜欢，也许想靠近，却往往发乎情止乎礼；或者只想一夜情，他刚好需要一个人，你刚好在，可结果是你不能承受的。

在极简主义者的情感观里，爱情就只是"我爱你，你爱我"，没有备胎余地，无关暧昧之妄。只为一份简单的感情，只对一份真挚去感动，一心只装一人。这般极简的情感生活方式极大程度提高了一个人的自我认知，与对自由不同寻常的定义。而极简者擅长深度自我分析，十分清楚什么对自己最重要。他们只把有限的时间和精力用在唯一之处，专注而统一，故而所获幸福。

"从前的日色变得慢，车、马、邮件都慢，一生只够爱一个人。"这句感动了无数人的话，源自木心先生的诗《一生只够爱一个人》。爱情应该是越简单越美好，至纯则至美，学会给爱情做减法，减掉"暧昧"的枝枝蔓蔓，用一颗真心，装一个爱人。

你放不下的不是对方，而是自己的执念

一个叫梦妍的女孩说："失恋后，第一天想他，第二天想他，第三天想他……七年了，我枕边已然有了伴侣，彼此相爱，家庭和睦，可总在某个不经意的瞬间，我依然会想起他。有时会幻想，假如他突然出现在我面前，说依然爱着我，我可能会

抛弃现有的幸福，可有时又后怕这种想法。"

有人说："失恋后的人，之所以不再相信爱情，不敢轻易再爱，爱得小心翼翼，或总觉得心有缺憾，皆是对已逝爱情的执念，对前任过于念念不忘。"

就像多年后宋宜山说的，尽管分手多年，他却永远忘不掉她，他一直生活在悔恨中，后悔当初的决定。

宋宜山入大学后不久，就与班上的班花雪凌相恋。宋宜山样貌平平，却能跟长相清透美丽的班花雪凌聊得来，甜蜜的令人羡慕。那时，很多人跟他开玩笑说："校门内是爱情，校门外是分手。"宋宜山和雪凌不信，他们坚信四年的感情牢不可摧，出了校门就会穿上婚纱。

多年后，宋宜山面对曾经的大学舍友，喝着酒流着泪说道："我现在有车有房，存款足够半生富裕，可又能怎么样呢？她回不来了，回不来了……"原来，宋宜山刚参加工作的时候，要什么没什么，钱都是省着花，他给不了雪凌想要的一切，她的家人也不同意女儿跟着个穷小子生活，还给他罗列出一堆的条件，可他当时根本做不到。最后，雪凌一走了之。宋宜山从此一心为工作，30多岁的人了，连个异性朋友都没有。也唯有在这群好友面前，他还显得有点人样，哭得像个孩子。

一个人越在意什么，什么就越让自己痛苦。我们越放不下某样东西，那样东西就会像紧箍咒一样，日日夜夜固在心里，让我们吃不下、睡不着。而往事之所以难忘，只因我们每个人都多多少少存有完美主义的特质。失恋的人，大多是存有遗憾的，有遗憾便是不够完美，于是不管岁月几何，心中依然会对那件有遗憾的事耿耿于怀。

亦如孙末在《双面人格的夏天》中所写：有时候我的直觉就是他的理想主义害了他，让他做什么都比别人累。他其实不用那么用力，不管是爱一档节目，还是爱一个女人。电视节目本来就是给人消遣的，就像男女之爱，本来就是无常中的一些点缀，这么耗心耗力，倒是过犹不及了。

"过之"便是执念，执念就像一双走火入魔的手，会把一个清醒的人推入迷惑的深渊，对我们进行各种干扰，令我们失去正确的判断和分析能力。唯有摆脱执念，极简内心，生活中的沉郁，包括思想上、情感上的多虑，才能被自然清理掉。但心病还须心药医，每个人都想获得简单的幸福，其实获得幸福的方式本就简单：幸福＝接受＋持续向前。

馨予曾喜欢过一个男生，他们两人在一起足足两年，感情一直很好，都到了谈婚论嫁的地步。可因为种种阴差阳错，两个人最终分手。一开始会有联系，直到他把她彻底拉黑。馨予说，她理解他这么做的原因，虽然尝试过再加好友，可他一直拒绝。过去他们很相爱，却因为一些不得已的原因换来这样的结局。可她依然爱着他，既然曾经相爱过，那就不打扰了，只有这样，她才能记住曾经彼此是多么好。

放下心中执念，并非忘记，而是懂得去接受它。接受它已经离我们而去，并且永远不会回来。如此，我们才能更好地面对明天。在成年的世界里，可以充满回忆，但决不能走回头路。怀着曾经的美好，昂首阔步向前，人生只需快乐，其他皆是多余。

有时，我们总以为自己忘不掉的是那个人，其实不是。我们忘不掉的，只是那段写满风花雪月的青春。

一个女孩，她在网上亮出了自己 16 岁和 30 岁的照片，两张照片中的她笑容灿烂。她附上一句文案：大家觉得，我 16 岁漂亮，还是 30 岁漂亮？

有一位网友的回复就很触动人心：都很漂亮，不是敷衍，16 岁的你，漂亮的是你的 16 岁；30 岁的你，漂亮的是 30 岁的你。

站在不同的角度思考同一个问题，就会得到截然不同的结果。对过往的恋情，同样需要换个角度。曾经的爱情之所以美好，被不停翻出来念想，不是因为那个人，而是那段承载了爱情与激情的青春。说白了，执念，也是一种叫"不甘"的情绪，不甘自己的过往留有遗憾和空白，是一种精神上的缺失，别妄图去弥补，即便旧地重游，旧人重叙，可物是人非，时过境迁，已无法再找回当初的悸动。

你怀念的那个时间、那个地点的他，早已不复存在。时光正是因为无法重来，才让人格外珍惜。有些故事有些人，只停留在记忆中，它的价值才会无限发光发热，趋向完美。从某些方面来说，"不甘"其实也是一种"美好"。所以，爱情也好，那个人也好，不用太在意天长地久，因为你曾经拥有过，这才是爱情的真正魅力所在。

我们不应该为过去某个人停歇不前，人生说漫长亦漫长，倘若你单身，前方必然有良人等待；倘若你已婚，就好好经营当下的幸福。放下执念，才能轻装简行，拥抱新的生活。对内心深处的自己说："再见，那个他。此时此刻起，我将一路向前。"你能做到。

▎及时止损，别被爱情中的"沉没成本"套牢

"沉没成本"是经济学上的术语，是指已经给出的投入或承诺，根本无法再收回的支出。

在大部分情感真人秀节目中，最常见的一种现象是：在一段感情中，明明知道自己不快乐，却偏要假装快乐，明知对方身上有很多令自己不满的地方，若要分手，又不舍。究竟是基于一种什么心理，让一个人对一个连自己都觉得无望的恋情不舍呢？

若一定要问出症结，他也许会说："我们在一起很多年了。这些年里，我投入了大量的感情、时间、金钱和精力，如果真的分手，我可能什么都没了。"

不甘心、不接受自己曾付出过的一切白白打了水漂，哪怕爱已消弭成冰，两个人无话可说，哪怕只剩互相伤害，哪怕看

不到希望，没有未来，却依然紧紧抓着彼此不放手。这就是爱情中的"沉没成本"。

曾有个女孩问情感专家："怎么让一个人对我不离不弃？"

情感专家说："让他不停地付出，付出得越多越好，无论是时间、金钱还是精力，但凡他能做的，尽可能让他做。"因为分手意味着他将失去更多，为了避免造成更大的损失，故而，他只能选择竭尽所能维系感情。

所以，关于一段千疮百孔的爱情是继续还是分手，大部分人理性上清楚该分手，但感性上会选择继续，虽然知道继续下去会很痛苦，但依然默认这个选择。

有位学者曾说："沉没成本作为历史成本，对当下的任何选择而言是不可控的，毫不影响当下或未来的决策。如果你想要改变现状，就必须排除沉没成本的干扰，才能把损失降到最低。一旦犹豫不决，日复一日，沉没成本会越积越厚。"在爱情中，如果只是因为不甘心，坚持将就着，不及时止损，那你失去的只会越来越多。

"既入穷巷，就该及时调头才是。"此话出自《知否，知否，应是绿肥红瘦》中明兰之口。明兰的堂姐淑兰在丈夫家中屡屡遭遇不公，淑兰的丈夫是个没本事又没实际才华的秀才，却总举着秀才的头衔充脸面。孙秀才不喜淑兰，他骨子里看不起商贾之家，却又贪恋她殷实的家境。三年里，他纳了很多小妾，还要把怀孕的青楼女子带回家。而淑兰的父母就只会花钱了事，不是送银子就是送铺子，可孙秀才就是个无底洞，一如既往对淑兰冷眼相待。

明兰知道后，一针见血激醒了淑兰和她的父母："江山易改本性难移，那孙秀才若无杀身之祸、灭顶之灾，万万不会改他那个脾气。淑兰姐姐一步走错，已入穷巷。既入穷巷，就该及时调头才是。不可等一世消磨，悔之晚矣啊！"

对爱情，每个人都会倾注大量的时间、情感、精力、财富和物质，所以没人愿意让自己的努力付诸东流。但是，按照墨菲定律来说，事情一旦出现不好的苗头，若不及时止损，只会朝更坏的方向发展。世事如此，爱情亦如此。

别再被爱情"沉没成本"套牢，以它为中心不停地转圈圈。当你发现你爱上的人并不值得你爱，带给你的是无止境的消耗和不理解，爱在你心里只剩下沉重。此刻回荡在你脑海里的念头，就是你地最佳选择。

亦舒说："真正属于你的爱情不会叫你痛苦，爱你的人不会叫你患得患失，有人一票就中了头奖，更有人写一本书就成了名。凡觉得辛苦，即是强求。真正的爱情叫人欢愉，如果你觉得痛苦，一定是出了错，需及时结束，从头再来。"

所以，别用青春赌明天，你的人生耗不起。山下英子在《断舍离》中写道："不管东西有多贵，有多稀有，能够按照自己是否需要来判断的人才够强大。"

"是否需要"是极简主义者判断沉没成本的一大标准。无论你在一段感情中曾经付出了多少，你必须想清楚，当下你最需要的是什么，而不是继续填补或弥补什么。

充满束缚感，不痛快的爱情，是不被需要的。终止它，但不需后悔，因为你们曾经那么相爱，彼此付出的都不在少数，而当初所有的付出也皆是因为爱，不求回报。也正因为你的付出，那段时光充满安心和快乐，这就值得了，无须后悔和不舍。虽然没能最终修成正果，但爱情本身就是一种人生体验，体验过了，成长了，成熟了，这就是你最大的收获。

爱情，是你我人生旅途中众多情感中的情感点缀之一，如果爱情已变质，该舍则舍。停下来，不用回头，道路两旁满是选择，只是拐个弯，你的人生就会迎来新的恋情。

恰如《罗马假日》中最经典的一句台词："为了一些东西而放弃另一边，虽然遗憾，但遗憾本身或许也能是一种美好。"

▍被分手，不要纠缠，更不要作践自己

"说完分手后，她就立刻把我拉黑了，切断了所有的联系方式，不曾给我任何解释和挽留的机会。我想知道她为什么要分手，后来就去她公司找她理论，谁知她已经换了工作，我只好去她家门口堵着。"

"我不想分手，我真得很爱他，没有他我会活不下去的，

可尽管我割破了自己的手腕，他依然无动于衷，为什么？难道非要我死在他面前，他才能感受到我的爱吗？"

英国文学家伯特兰·阿瑟·威廉·罗素曾说："认为爱情是某种义务的思想只能置爱情于死地。你应当爱某个人，就足以使你对这个人恨之入骨。"

通常，不愿被分手的人，往往是那个爱得最深、把爱看得太重要的人。于是，当缘尽之时，如天塌地陷，感觉自己的整个世界都陷进了黑暗中。因为不想分手，便开始各种纠缠，不停作践自己，嘴里说着恨，心里淌着血，整日寻死觅活，萎靡不振，摆着一种世界末日，无他/她不成活的姿态。可除了让父母心疼、朋友担忧，那个他/她只有无动于衷，甚至你自轻自贱的举动会愈加让对方肯定了离开你的决定是多么及时和正确。

既已被分手，就表示两个曾如胶似漆的人已各自归途，分化成两条永不相交的平行线。请接受这个现实，人这一辈子不只有爱情而已，一段感情的结束，寓意将有新的开始，他/她只是一个过客，无须为一个过客扰乱心绪，浪费青春。

所以，被分手后，别再找对方问"为什么"。感情的事本就没有输赢对错之分，分手又何须理由，就如亦舒说的："任何一个人离开你，都并非突然做的决定，人心是慢慢变冷，树叶是渐渐变黄，故事是缓缓写到结局，而爱是因为失望太多，才变成不爱。"何必非要自寻烦恼，去得到一个噬心的答案！

感情在时要珍惜，感情散时莫强求。就像席慕蓉说的："在年轻的时候，如果你爱上了一个人，请你，请你一定要温柔地对待他……若不得不分离，也要好好地说声再见，也要在心里存着感谢，感谢他给了你一份记忆。长大了以后，你才会知道，在蓦然回首的刹那，没有怨恨的青春才会了无遗憾，如山冈上那轮静静的满月。"

可还记得有那么一场电影和一首歌，告诉我们该如何分手："分手应该体面，谁都不要说抱歉。何来亏欠，我敢给就敢心碎。镜头前面是从前的我们，在喝彩，流着泪，声嘶力竭。离开也很体面，才没辜负这些年……"

是的，分手应该体面，不纠缠是留给彼此最基本的尊重，不自轻自贱是给自己最好的体面。

曾在某视频平台看到这样一幅画面，视频中女孩对男孩说分手，男孩平静地问："你想好了？"女孩说："我想好了。"男孩深吸一口气，宠溺地摸摸她的头，说："虽然舍不得，但我尊重你的决定，以后要好好的。"女孩点点头。男孩帮女孩收拾东西，女孩把脖子上的项链和手上的戒指摘下来归还给男孩。男孩送女孩下楼，女孩最后一次拥抱男孩，轻轻说："谢谢你的成全，也谢谢你这段时间的陪伴。"男孩笑着说："傻丫头，有什么可谢的，虽然我们没办法走到最后，但还是祝你找到真正的幸福。"女孩在车上挥手，男孩在车外挥手。两颗曾无比接近的心，就此画上各自的句号。彼此没有束缚，回忆皆是美好。

好聚好散是为了更好地放下，人们总习惯牢记痛苦，而遗忘美好。好好说一声"再见"故事完美收场，彼此心中无憾无芥蒂，无情感负荷，人心简单才容易幸福，生活简单才会有迷人之处。

面对被分手，我们应当做到果断、干脆。当他提出分手，只需要一句话："当然没问题啦！感谢曾有你一路相随，拜拜。"快刀斩乱麻，取关拉黑，没必要念念不忘一个不再爱你的人。一段爱情结束时，姿态高的那个人，才会给对方留下更深刻的印象。懂了吗？所以，别纠缠，也别轻贱自己，对她/他挥挥手，不带走一片云彩。高姿态的果决与否，决定着是你看着他/她潇洒的背影失落，还是他/她看着你高傲的背影而充满敬佩。

有些情侣分手后，总忍不住向共同好友打听彼此的情况。切记，你没必要打听。好好打理自己的生活，穿戴整齐，该工作时工作，该玩乐时玩乐。分手虽然痛苦，却获得了身心自由，获得了自主、再学习的过程。认真规划自己的未来，自我精进，变得优秀。人生越来越精彩，才会让曾经的人有所错觉，觉得离开你也许是最错误的决定。

既已结束，就是旧物，不对旧物念念不忘，是极简主义者所秉持的人生理念，弃之不惜。就像那些佛系者，缘分的事，既来之则安之，既然没有一个准确的基数，有些人注定是过客，散了就散了，全当一场说走就走的心灵之旅，这一路上总归收获了些什么，随遇而安，心无杂念，天地自宽。

最对的爱，要给值得珍惜的人

他问："爱是什么？"

有人告诉他："爱是看不见的，是一个人内心最真实地感受。"

他又问："怎么才能证明爱存在呢？"

那人说："什么都不用看，只看她是否珍惜你，珍惜是爱的表现，看得见的。"

相恋半年，张俊认定小雪是自己的命中注定，这辈子就是她了。而张俊清楚，自己并不是小雪的理想型。于是乎，他努力改变自己，想成为小雪喜欢的类型。可是，当张俊穿上小脚裤、白板鞋、大帽衫，把自己打扮成女友喜爱的阳光大男孩儿时，小雪却说他太滑稽。张俊每个月都不忘买她爱吃的榴莲和碧根果，却从未在女友脸上看到过欣喜。为了小雪，张俊放下了所有骄傲，磨掉了全部棱角。可小雪一次又一次地疏离，一次又一次地打击，让张俊备受煎熬。终于，他忍不住问："你可珍惜过我对你的爱？"小雪沉默不言，他已经知道答案，其实从一开始他就知道这个答案，只是不愿承认罢了。

感情最怕的就是一腔热血换来无动于衷。你爱他，他给你的却是距离与失望。不被"珍惜"，是感情中最大的消耗。不管你多主动，一个不珍惜你的人，比瞎子还瞎。而他究竟是拿你当宝还是当草，你感觉得到，对方珍惜与否，你也能一目了然。

一个人若想获得真爱，就必须做到情感极简，爱应该维持一种叫"自私"的水准，不轻易对某个人展露。极简主义的原理之一是专注于重要的事情，追求值得，凡是不值得，皆不必走心。"东隅已逝，桑榆非晚"，你的爱珍贵无比，应该给值得珍惜的人。

两个人谈恋爱，归根结底，谈的是"惜缘"。虽有争吵，却从不伤害感情；虽有苦难，却从未想过分离；虽性格迥异，却彼此扶持。

小帅与女友娟子两人逛商场时，因为一件贵衬衫闹得有些不愉快。小帅开车，女友赌气地坐在后座不言语。车开到路上的时候，小帅遇到公司的一位女同事向他招手。当车子快抵达时，他对座位后面的女友说："娟儿，把后面的袋子都给我。"娟子无动于衷，小帅只好将车子停地离同事远些，伸手将后面的袋子一股脑全放在了副驾驶座上。当那位女同事打开副驾驶的门时，小帅道："不好意思，前面比较乱，坐后面吧。"

娟子心里淌过一股暖流，这个家伙从来都是这样，凡是想得都很到位，想让她赌阵子气都难。

有些人总是把"爱不爱"挂嘴边，其实爱情的深意，就是"珍惜"。遇到一个想珍惜的人，是你爱了，若遇到一个珍惜你的人，是被爱了。被一个人珍惜着，他才会好好爱你，把你爱进骨子里。

若对方是一个懂得如何去爱的人，他亦懂得爱是成全。因为珍惜你，他会默默地为了你而改变。他爱你，时刻想的是怎么成全，为此，他会不断自我完善，让自己变得出类拔萃，为了让你过上幸福无忧的生活，不停地优化自己。

你能感受到，他非常重视你们之间的缘分，尽管平时忙碌，但在一些特殊的日子，会带给你一些惊喜或快乐。他包容你的不足和任性，接纳你的缺点，虽然也会为了一点鸡毛蒜皮的小事争吵，他却一直是第一个张口缓和气氛的人。但是，别让他永远第一个张口。

作为被珍惜者，你是幸运的。倘若对方能够对你的事情持久用心，很多事，不用你说，他皆记挂在心上；对你的喜好，了解很清楚；他能带给你感动，又能带给你惊喜；还能带给你安稳；等等。这一切的好，要懂得——反馈给对方。

很多有缘人，之所以缘浅，多半是不懂得"惜缘"。爱情不是一开始爱了，就能有始有终，它是长着脚的，当你只单纯地享受爱情时，它已有了离开你的打算。等到你察觉之时，再想找回来，也就难了。所以，珍惜你的人，你也要珍惜，莫等失去时，空悲切。

爱情之外的另一种纽带，不是物质，不是金钱，而是彼此精神上的共勉。当他在你最无助的时候给你依靠，那就在他最难过的时候静静陪伴；当他给了你太多温柔和爱恋，多谅解些他的执拗和偶尔的坏脾气；当他无条件陪伴着你的时候，请和他一起做到共同承担命运的一次又一次洗劫与馈赠。

做一个懂得如何去爱的人，并且把这份爱给一个值得爱的人。也许有些泥沼我们不得不踏进去，但极简生活的开始，都是从遇见，到筛选、过滤，到珍惜与被珍惜的过程。想要拥有简单幸福的爱情，就要与对的人去相爱，彼此滋润，共同成长。爱或被爱都不该是一场博弈，相濡以沫需要的是双方皆以诚相待，彼此懂得，你情我愿，爱的极简只需舒适。

第七章

目标极简，瞄准一个点就足够

▌首先搞清楚，自己到底要什么

心心念念了很久的东西，得到后却猛然觉得不过如此，甚至觉得当初的自己是那么可笑，居然为了它，费尽心思，劳心劳力，可到头来却一无所获，心里仍然空落落的。为什么会这样呢？

因为你认为自己想要的从来都不是你真正想要的，未曾获得，何来满足？其实很多人终其一生都不知道自己到底要什么。嫁了个一直想嫁的帅哥；付首付买了房子；升了职加了薪……如果这些都是你想要的，夜深人静时，你为何还会问自己"我活着是为了什么"。

我们总想为自己找个"归宿"，其实最好的"归宿"源于你在得到一样东西后，是否依然爱不释手，是否很在乎很重视，是否心中便是安逸的？是否其他的一切诱惑与杂念，皆无法再干扰到你？若所有答案是"是"，那就是你最想要的，并且你很清楚在为之努力；若是"否"，那你正在为之努力或已经得到的，就不是你最想要的。

李子柒 14 岁便背井离乡，外出谋生，后来因为奶奶生病，从城市回到家乡。回到家乡后，李子柒一边照顾奶奶一边录制短视频，将生活中的片段皆记录下来。视频中的她一身素衣古装，生活用品古朴陈旧，却充满年代感，拍出的视频总给人一种"采菊东篱下，悠然见南山"的安宁和与世无争。

当初凭借短视频平台爆红的各路网红纷纷开起了网店，买卖热火朝天。但李子柒依然选择在农村生活，追求心底的那份宁静。在短视频里，人们看到她劈柴、采摘果蔬、烹饪……自己动手用传统炊具做各种美食，偶尔还会做一些小物件，把真实的乡间生活展现在大众面前。虽然后来李子柒有了专业团队支持，不再单打独斗，但她依然走在乡间小路上，活在炊烟袅袅的诗意中。

很多人都在羡慕李子柒，却无人去做李子柒。是因为缺乏勇气吗？是不舍得大城市的繁荣吗？不，是因为他们真正想要的不是回归田园生活，虽然羡慕那种安以恬静的氛围，却非所愿。而之所以会去羡慕别人，是因为我们还没有搞清楚自己的目标，于是，只能看着谁谁谁很好，相比较之下，显得自己有些糟。

大多数时候，我们习惯听别人说你应该想要什么，可究竟是不是自己想要的，连自己都不确定。我们周围充斥着越来越多的风向标，来自身边的人、来自网络、来自社会，不停宣传着同一个口号，这个你必须选，那个不容错过，缺了它人生便不完美，等等，最大化地影响着我们内心最真实的渴望。所以，我们必须学会去拒绝自己以外的声音。

一个名牌大学毕业的小伙子江白，走出校门后的第一件事是在北京天桥上卖煎饼。而跟他一同毕业的几个好哥们儿，个个西装革履，去了各大名企业实习。一日，正在做煎饼的他被朋友认了出来，不敢置信地看着他忙碌。之后，他摆地摊的照片被疯传各个校友群。有几个私下里关系不错的人开始联系他，以为他遭遇什么难处。江白却说："我好得很，自由得很。本来我的打算就是出校门后开始创业，我的启动资金只有几千块，刚好撑起煎饼摊。别小瞧卖煎饼，我挣得不比你们其中任何一个人少。"

江白卖煎饼就像当初那个回农村养猪的大学生，所有人都不理解他们的想法，而他们也不曾要求别人理解，只一心做自己真正想做的事情，因为他们有很明确的目的性"我就是要做我心中所想"，故而有勇气，有规划，不畏人言。但凡是自己真正想要的，最不缺的就是直面它的勇气。哪怕世人皆往，他独逆，也不会随波逐流。也是这样的人，从不迷茫，从不羡慕他人，只管朝着自己的目标努力，最终获得内心的宁静。

有很多大学生都向往去国外留学，继续深造，总觉得那就是一件对自己很重要的事。于是，有的以交换生身份去，有的靠实力去，有的靠背景去。到了一个完全陌生的环境，开始只感觉特新鲜，跟谁说话都是在提高人生经验。而即将读完了学位时，一些留学生忽然开始迷茫，不知该何去何从。因为他们对未来没有一个清晰的目标，甚至压根不知道为何要来国外念书，以致开始后悔自己当初的决定，懊悔自己当初没有想清楚。

人们对于一件不是自己真心想做的事，是懒得用心思考的。想要搞清楚自己到底要什么，就看你把心思都花在了哪里，且是真心实意想要得到的，舍不掉的。对于这个目标，你有耐心，小心翼翼，甚至不认同别人的诋毁，你清楚达到这个目的很难，但心中始终抱着期望，无论过了多少年，依然如故，而那就是你最想要的，若你找到了，就请为之努力吧。

从众多目标中，选择适合自己的

如果一条河流一边向前流动一边分出支流奔向其他方向，那无论这条河流如何波涛汹涌，等待它的最终命运就是干涸。目标太多，会让你分不清到底该做什么，或不管做什么都是做着这件想着那件，力不从心，总想眉毛胡子一把抓，结果一事无成。所以，很多事情不是你想做就一定都能做到完美无缺，目标只有适合自己的才是最好的，也只有是适合自己的，做起来才能事半功倍，水到渠成。

汪小欧毕业前，曾在市场、财务、人力资源三个方面实习过。而她的主修专业是人力资源，辅修了市场和财务。实习过程中，她每一项都做得很好，付出了很多努力，也有很多收获。但如今面临正式求职，三个方面究竟要选哪个呢？

一开始，汪小欧把命运交给了抽签，抽到了财务，于是想当然进入了某公司财务部任职。但一年下来，跑税务、贴票，因为没有专业知识累积，更深入的工作做起来非常吃力，让她近乎抓狂，不得已在年底辞了职。

汪小欧意识到，不能随便什么工作都做，要找到适合自己的才行。于是她从三个方面考虑：首先 pass 掉财务，剩下的人力资源和市场都有专业累积，但是都缺乏社会经验，有点拿捏不准。于是她就决定通过实践来帮助自己判断，便向两个意向的岗位都投递了简历。她需要清楚这两个方向，哪个更容易给自己面试机会，在面试过程中，哪方面问题回答得更顺畅。

最终，是人力资源方向给汪小欧的反馈更多些，且用人单位很认可她的专业和成绩。而且，面试过程中，小欧在人际交流和组织协调的问题上回答非常顺畅，这是她的优势。最后，她拿到了两个 OFFER，又对比了两家公司的实力和薪资福利后，选择了旅游开发公司人力资源部的 OFFER。

百度创始人李彦宏曾说："如果你喜欢的事情有很多，要挑选自己最擅长的事做，这样就能在感受快乐的同时，取得超乎常人的成就。"自己擅长的，通常就是最适合自己的。对很多人来说，找到适合自己的目标，做擅长的事，不是一件容易的事。其实这与一个人的天赋有关，爱好可以一年内换好几个，但天赋不行。

李安导演曾说自己拍电影的时候最有感觉，做其他事情就特别不上手。其实他也有好几年因为郁郁不得志，而想要转行，当时他想着去学习下编程，但被他的太太阻止了："安，你最适合的就是拍电影。"李安的太太只希望他做自己擅长做的事，也许就是他太太的这句话成就了李安。

一个萝卜一个坑，找到适合自己的坑穴才能将自身的价值发挥得淋漓尽致。究竟该怎么从众多目标中选择出适合自己的目标呢？

首先要学会不断挖掘自己的潜能。我们都一样的普通，可能并不清楚自己在哪些方面更有优势，于是很多在校大学生不停地考各种证件，可结果证件越多越焦虑，不知该从何处着手才更有发展前景。所以，先找到自身优势，并根据优势去定方向精进。

唯有适合自己的才是最佳的。每个人的长处和短处都有所不同，能力和智商亦有区别，倘若制定好的目标恰好与自身的长处背驰，又或者超出或低于了自己的能力，都是不合适的。想要确定适合自己的目标，需要你不断地进行自我反思，认清楚自身的不足与特点，然后才能给自己一个准确的定位，从而从众多目标中找到最适合的。

切莫三心二意，随波逐流，不能看到别人做什么很有前景就自己也去做什么。俗话说"同行不同命"，适合别人做的也许并不适合你。所以，通过自身优势而敲定的方向就要坚持下去。给予自己和既定目标最大的信任，坚定信念，切勿轻易受他人意见影响。不茫然、不多想，别让太多事干扰到自己对目标的判断和努力。

最后，不要拒绝有失败的可能性，多想着你自身的长处，你所擅长的，想着你的能力，而不是一味纠结问题本身。但凡适合自己的目标，一定是自己擅长且干起来很有干劲，并能最大化凸显自身的价值感的，不仅为之满足，且一边努力一边快乐着。

▍选择太多，未必是好事

我们都以为，有选择比没选择好，选择多比选择少好，这几乎成了一种常识。但真实的情况并非如此。有时候选择越多，越让人心烦意乱。

有这样一个著名的果酱试验：研究人员在超市摆了两个摊位，一个陈列 24 种果酱，另一个只陈列 6 种。虽然过往的顾客中有 60% 的人会在第一个摊位驻足，但只有 3% 的人才会购买；第二个摊位虽然刚开始吸引的顾客较少，但超过半数的人会购买。

研究人员由此得出结论：选择一旦过多，不仅在购物上存在弊端，在其他很多方面也是如此。选择过多就意味着信息超载，纷乱的信息不但无法引起人们的兴趣，反而会让他们反感。无论当初如何精心挑选，到最后人们总会对已经选择的不满意。

可见，过多的选择只会扰乱人们的判断力，不但不能选到最合适的，还会因为烦躁进而产生抵触的心理，失去选择的意义。

十几年前，心理学家鲍迈斯特曾提出了"自我损耗"理论。所谓的自我损耗，就是指每做一个选择，就会损耗一点我们的心理能量；而每消耗一点心理能量，我们的执行能力或意愿就会下降。比如，当我们手机里装了 5 个外卖 App 时，我们就有可能陷入无所适从的选择中，不知道该选哪个才好，然后在不知不觉中消耗很多的时间和精力。

2012 年，奥巴马荣登《时代》封面，身上穿的是一套蓝色西装。

事实上，奥巴马不管出入什么场合，他永远都只穿灰色或蓝色两种西装。亲近的人也都知道，在他的衣柜里，永远也只有这两种西装。

对此，奥巴马的解释是："我在试图减少每天做决定的次数，把大脑留给真正需要做决定的事情上，我不想在穿什么衣服上多做选择。"

在基金投资上有一种说法：过多的选择使人变得保守，不愿为可能的收益冒风险。这种情况下，人们可能采取简化策略，要么随便选一种，要么什么都不选。

这个道理放到我们生活中的其他领域也同样适用，比如有的女孩相亲相多了，面对各种对象会感到难以抉择；还有的人面对满目琳琅的商品也会无所适从。

自古有云，凡事"过犹不及"，选择也不例外。美国科学研究表明，每天打开衣柜如果有 2 ~ 3 件可穿的衣服，人的心情是最佳的，过多则使人盲目烦躁。这充分说明，只有适量的选择才有机会接近幸福。诚然，不同的人对不同的事物，有着不同的标准，自然对幸福的定义也有着不同的认知，但一旦超过了限度，带来的后果都是痛苦的。

在《少即是多》一书中，丹麦一名船舶公司职员佛罗使帕克·田中聪子，曾这样评价日本人的生活。他说：我认为可以选择的事物越少，人越容易感到富足。日本就是因为人们可以选择的东西太多了，难免心猿意马。如果是在丹麦，自己到底想要什么，心里面一清二楚，而且也很容易分辨出什么东西对自己来说是最为重要的。

幸福是一个永恒的状态，是发自人内心的喜悦。只有当人发现美的存在时，他才能感知到幸福。人的幸福可以多种多样。简单的生活才能真正发自内心的幸福，而无尽的选择只能带来烦恼。

选择本身就是一个取舍的过程，也是我们欲望的体现。选择一旦过多，不管这些选择是好的还是糟糕的，都只会让人痛苦。过多的"好选择"，会让我们陷入鱼与熊掌不可兼得的痛苦中；而过多的"坏选择"，则会让我们陷入屡战屡败的恶性循环。

选择多了，我们就容易迷失自己，会逐渐失去自己的价值取向，会不知所措。为此，我们考虑的因素就会越来越多，羁绊我们做出抉择。当"选择"不再适合我们时，再多地选择也只是垃圾，只会干扰误导我们做出错误的选择，离幸福越来越远。

佛经上说，人生有七苦，除了生老病死，还有爱别离、怨憎会、求不得。当我们经过千挑万选才得到的东西离开我们时，我们是痛苦的；当我们千挑万选却发现挑了个错的东西回来时，我们也是痛苦的；当我们千挑万选挑中的东西却是属于别人的，这个时候，我们更是痛苦的。如此看来，选择越多，反而越不幸福。

选择越多，我们需要考量的事情也就越多，随之而来的便是身体不再轻盈，脚步也变得沉重。如此，我们的心胸又怎能够豁达得起来呢？

更重要的是，把太多精力耗费在选择上，行动上自然就少了应对之功。比如，很多特别聪明的人反而没有普通人混得好，为什么？就是因为聪明人遇到的机会多，面对的诱惑也越多，以致频繁跳槽，没有扎下深根。相反，那些不是特别聪明的人，因为选择少，所以不得不集中精力，专注于一个行业、一个领域，最终从人群中脱颖而出。

选择太多，未必比没有选择更好。倒不如屏蔽一些可有可无的选择，因为减少选择就是在聚焦时间和精力。

只做正确的事，拒绝无效忙碌

每个人都希望能把事情做好，比如工作、家庭、学习等各个方面的事情。但是当我们耗费了大量时间、精力和财力做了一件事时，却不见效果，甚至南辕北辙。这种情况下，我们该考虑的不是自己够不够努力，而是努力的方向是否正确。

著名演员黄渤曾唱了十几年的歌，却一直不温不火，直到参演了一部电影后才开始大红大紫。正所谓"方向不对，努力白费"。有些急急忙忙赶路的人，见到一辆公交车顺路就上，可如果他坐地铁却可以节省一半的时间。这种做事敷衍或不分对错、轻重的人到头来取得的结果肯定南辕北辙。因为正确的做事不代表做了正确的事。

正确做事和做正确的事属于效率和效能的关系。管理大师彼得·德鲁克在《卓有成效的管理者》一书中写道："效率是以正确的方式做事，而效能则是做正确的事。效率和效能不应偏废，但这并不意味着效率和效能具有同样的重要性。我们当然希望同时提高效率和效能，但在效率与效能无法兼得时，我们首先应着眼于效能，然后再设法提高效率。"

首先保证自己做了正确的事，才能避免无效忙碌，一开始有一个正确的出发点，才能朝成功的方向用对力量。做正确的事，时间和精力才能花在正确的事上。做正确的事是正确做事的基础和前提。

著名作家温瑞安说过："真正的聪明人会把精、气、神集中于一处。"《硅谷海盗》这部电影讲的是微软中的比尔·盖茨与苹果电脑里的史蒂夫·乔布斯的故事。影片中就有这样一句话："Do the right thing."（我们必须做正确的事）。

在职场里，我们应该在自己职责范围内处于持续高能燃烧状态，将全部精力投入正确的事项。而我们如何判定一件事是不是正确的事呢？著名战略咨询师巴德·卡德尔认为，职场人应该把工作分为三大类：1.擅长做的事；2.喜欢做的事；3.能赚钱的事。在正确度上，这三类事的排序如下：

第一，倘若你喜欢的事，恰好又擅长做，却无法用其谋生，你应该把这项能力变现；

第二，倘若你擅长的事，也能让你赚到钱，却并不喜欢做，就果断舍弃；

第三，倘若你喜欢做的事，可以让你赚到钱，但不是很擅长，就去把它做好。

要做好一件事情，应该以"正确"为前提条件，否则很容易使正在做的事偏离方向，甚至与目标背道而驰。所以在做任何事情之前，我们应该先思考：正要做的事情是否会给自己带来最高回报？正要做的事情是否最大限度提升了自我满足感？做了这些事情后是否让自己离最终目标更进一步？哪些事情可以委托给别人？哪些事情必须经手？当这些问题都得到了明晰的答案，你也就有了方向。

但怎样才能确定自己在做正确的事呢？

《麦肯锡思维》的作者洛威茨说："要想做出正确的判断，只有深入挖掘和掌握事实，根据实际情况，才能把握正确的方向，发现自己正确与否。"即是说正在做的事要符合实际情况。

就像你手中被驳回的项目策划案，驳回意见是，就项目本身看不出有什么投资前景。可你觉得扔了可惜，一直以原案稿为基础继续做修改，结果无论你怎么美化方案，依然会被驳回。想提高效率，就一定要结合实际情况做正确的事，才能避免无效忙碌。

很多人懊悔，如果能在 15 年前买了房子就好了，但事实是即便回到那时候，认不清大势的人依然做不出正确的选择。比如在过去人人挤破了头想进入银行工作，即使不能大富大贵，亦能小富安稳。但在今天互联网金融盛行的时代，再选择进入银行就要三思而行了。所以，认清大势，将眼光放得更长远一些，不拘泥于眼前利益，才能做出正确选择。

但"正确"亦是有变化的，它会随着环境的改变而变动，所以我们也要学会适时而变。俗话说"女怕嫁错郎，男怕入错行"。聪明人正确做事，智者则做正确的事。倘若你无法确定方向是否正确，也别在错误的方向上渐行渐远。在没有正确的选择时，不妨放慢脚步或停下来，等有了正确的选择再为之努力。

▎参照二八法则，把最重要的事做好

二八法则说的是 80% 的输入源于所作的 20% 的输出，又可将其称为"最省力的法则"，是在告诉我们应该把个人精力放在可以给自己创造真正价值的少数事情上，意指把最重要的事情做好，就能事半功倍。

所以在做任何事情之前，我们要先去思考两个问题：这件事能不能给你带来事半功倍的高价回报？这件事让你有很高的成就感吗？若你的答案都是"Yes"，那你就可以投入全部精力去做；可如果答案都是"No"，别去做，或者放手让别人做。

"消灭繁忙"是巴菲特一直坚守的重要原则。迈克·弗林特给巴菲特开飞机开了十年之久，他还曾为四位美国总统服务过，但他的追求不只限于开飞机。

一日，弗林特和巴菲特一起讨论他的目标，弗林特一直喋喋不休说着自己的众多向往，巴菲特就让他把 25 个目标一一写下来。弗林特花了点时间，才将目标罗列清楚。随后，巴菲特让他认真审视每一个目标，将最重要的 5 个圈出来。弗林特照做后，目标清单被一分为二，一单最重要的 5 个目标和一单他觉得略微有些重要的 20 个目标。

"你现在应该知道该具体怎么做了吧？"巴菲特问弗林特。

弗林特说："知道了，我现在要做的是把这 5 个重要目标先完成，剩下的 20 个，不太紧要，可以利用闲暇的时间去做，慢慢地去实现。"

巴菲特立刻制止道："不，弗林特，你还是不明白。那些你认为不太重要的目标，不是你觉得应该利用空余时间完成的事，而是应该完全被否掉的事。要像躲瘟疫一样躲避它们，不在它们身上花费任何时间和专注力。"

想把工作做到出类拔萃，想生活更有质感，想获得成功，就一定要学会放弃一些事情，专注于做那件只需付出 20% 精力就能获得 80% 回报的事，且做一件就够了。就像一些公司裁员，一般被最先裁掉的是那些什么都懂但又不精通的人，而被公司重视或提拔的都是在某一个领域或技能上最为拔尖的人。那些看似随随便便就成功的人，其实他们的行为和精力从一开始就在围绕着最重要的事转，他们的成功源于放弃了很多可以做但不是一定要做的事，然后专注于最重要的事。

说了这么多，究竟什么才是最重要的事呢？我们要找出最重要的事，首先要规避掉三个"成功谎言"。

第一个"谎言"："事无大小，都要做。"

按照二八法则从自己想做的所有事中挑出最重要的 20%，再对 20% 进行筛选，一直筛选出最为重要的那件事。你就会明白，不是所有事都要去做一遍。

第二个"谎言"："同时做几件事可以提高效率。"

一边吃饭一边看数据一边打字，一心二用，甚至多用，做几件事就等于搞砸了几件事。

第三个"谎言"："只要有意志就能解决所有问题。"

人的意志力来也匆匆去也匆匆，虽能激发斗志解决一些事情，但并不能持久。

搞清楚这三个善意的"谎言"，接下来你要问自己一个更重要的问题："我要做的事只有一件，可究竟是哪一件呢？为什么只需要做这一件事，其他事就会变得更简单或无关紧要了呢？"

The one ting 翻译为《最重要的事只有一件》的书的作者加里·凯勒提出一项倒推法，是对那 20% 最重要部分的再度删减，帮我们找出当下最重要的一件事，摒弃杂念。

想一想，为了自己的目标，你这 3 年要做的最重要的一件事是什么？

为了 3 年的目标，你今年要做的最重要的一件事是什么？

为了今年的目标，你这个月要做的最重要的一件事是什么？

为了这个月的目标，你这周要做的最重要的一件事是什么？

为了这周的目标，你今天要做的最重要的一件事是什么？

层层倒推和删减，直到明确你当下那牵一发而动全身、最为重要且最该做好的一件事情。过去，我们总以为做得越多越好，但二八法则告诉我们，只需要掐准最重要的那个点，围绕那个核心目标去奋进，就能以二成的力量搏出八成的成果。也许现在你就需要用二八法则来拯救眼前的困局，找到那件对自己来说最重要的事情，然后将其做到最好。

▍为了长远目标，要毫不犹豫放弃眼前的利益

麻省理工教授丹·艾瑞里在《怪诞行为学》里指出："为了眼前的满足而放弃长远的目标，这就是拖沓。"

财经杂志的记者在采访今日头条的 CEO 张一鸣时，询问他最欣赏自身哪个特质。张一鸣回答的是"延迟满足感"，他说："我是比较保守，比如很多公司花钱都是为了再融，而我总是预留足够的钱。保守的本质是因为我很相信延迟满足感，如果一件事你觉得很好，你不妨再延迟一下，这会让你提高标准，同时留下缓冲。"

"延迟满足感"的理念不是控制或压制欲望，也不是单纯地等待结果，它侧重的是要去克服眼前的诱惑、困难，以求获得更长远的利益。

一位咨询师讲了一个故事：有人去买警犬，英国史宾格犬 30 万元，德国黑背 80 万元。第一次测试，两只警犬同时找到了被藏起来的香水，看起来没有什么区别。

第二次测试，史宾格犬注意到不远处的母狗，越跑越慢，并接近母狗，亲热起来；而黑背直至目标，狂奔到香水藏匿点。

既容易被干扰，又容易被诱惑，便无法保质保量地完成任务。同样，生活中，我们也总会被眼前的恩惠利益所诱惑，而看不到更长远的利益。有时候，甚至很容易被短暂的巨大诱惑迷住心窍，做出一些令自己追悔莫及的选择。所以，我们一定要清楚在什么时候必须毫不犹豫地放弃眼前的利益。

比如很常见的频繁跳槽。那些跳来跳去、一年内换两三份甚至更多工作的人，总会说"换工作是因为新公司给的薪资待遇更高"。跳槽确实可以让你获得更高报酬或高职位，但没有长远发展规划的人，最终也只能原地踏步。那些有头脑有长远目标的人对自己最大的告诫就是："不能只看职位和待遇，选工作必须选一个有学习环境，重视你的专业，又乐于培养员工的企业。当然，还要选一个老板。"事实证明，那些谋定而后动不会为了高薪待遇就随便跳槽的人，虽然走得慢，却是扶摇直上，直奔自己的人生目标。

着急用钱的时候，人的意志力最薄弱，很容易被一些小恩小惠钻了空子，加以利用。高鹏一直被房贷、车贷压得喘不过气来，这时一位客户找到他，想要他们公司的产品方案，且一见面直接塞给了他一点见面礼，并允诺只要产品生产成功，就帮他把房贷一次还清。如此大的诱惑，任谁都会心动，但高鹏果断把见面礼退了回去，拒绝泄露公司机密。高鹏做人做事都很讲原则，这一点被公司领导颇为看重，很快升职加薪。有原则的人不会被眼前利益牵着鼻子走，因为小事失守大事失衡。

所以，再着急用钱，也要毫不犹豫拒绝来路不正的利益，绝不做违背道德的事情。

　　一个只想吃巧克力蛋糕的人，却不停地吃从身边经过的每一道美食，总以为只吃一点点没关系，可当巧克力蛋糕摆在自己面前时，已经吃不下了。目标不简的人，小小一点利益也会让你错失良机。所以，要时刻牢记自己的长远目标。眼前利益只是棋盘上的小卒，长远目标才是那个下棋的人。无论何时、何地、何种境况都别忘记自己的初心，为长远目标而奋斗才是我们实现最终抱负的最佳途径。

第八章

情绪极简，
扔掉不必要的烦恼

▍换个角度和想法，你就不生气了

台湾漫画家蔡志忠曾说："如果拿橘子来比喻人生，一种橘子大而酸，一种橘子小而甜。一些人拿到大的就会抱怨酸，拿到甜的又会抱怨小。而我拿到了小橘子会庆幸它是甜的，拿到酸橘子会感谢它是大的。"

这就是角度带来的改变。不同的角度看问题，结论不同，导致的心态自然不同。如果你一直抱怨网购的鞋子不合脚，便怎么也想不通，除了失望就是失望。但如果你换个角度想，庆幸卖家支持退换，又有运费险，你自然豁然开朗，心里想通了许多，便不会郁闷。

如果本来的思考角度非常消极时，换个角度和想法，就会让你重新变得积极乐观。

辰龙在一家酒吧驻唱，虽然收入不高，但他总是笑嘻嘻的，对什么事都表现得很乐观。他的口头禅是："世事无常，做人就得看开点。"

辰龙很喜欢汽车，但靠他那点工资，连一辆五六万元的汽车也买不起。他经常和朋友们谈论一些关于汽车的知识，大家都知道他爱车如狂，便有人打趣道："你去买彩票吧，也许能中个头奖，所有问题不就解决了？"

原本是打趣的话，辰龙却真去买了张彩票，也许是老天垂怜，竟真让他中了 10 万元。辰龙用这些钱买了自己人生中第一辆车，爱惜得不得了，闲暇时总要开出去到处转转。

然而有一天，他把车停在路旁，一场狂暴冰雹来得太突然，车被砸得面目全非。朋友们知道后，担心他太难受，便发消息安慰："别难过，以后想开车，哥们儿的钥匙全天候着。"

辰龙发个笑脸过去："我有啥好难过的？多大点事儿啊！"

朋友们以为他受刺激过度，觉得他可能有点反常，就不停地安慰。

辰龙问："你们谁丢了 5 元钱，会难受得死去活来的？"

朋友们回复："那自然不难受啊！"

辰龙道："这不就得了，我不就是丢了 5 元钱嘛。"

朋友们恍然大悟，个个发来捧腹大笑的图："对，你确实只丢了 5 元钱。"

只需换个角度，生活中那些负面情绪就可以轻松地丢掉，痛苦也可以变成快乐。当你学会从不同角度去观察、发现，便可游刃有余地掌握好心态地走向。拥有正确的态度，填满快乐的心境，人生就将只有美好和圆满。

只不过一直以来，我们太习惯思维定式，认为真相就是一眼看穿的。其实，很多事都有多面角度，我们要做得是冲破传统思维的束缚，打开新视野，习惯去换角度观察和思考。

但是，真正要做到换角度思考问题，也非易事。

　　心理学规律发现，每个人都很难跳出"我"的角度，凡事以"我"为角度，作为对好坏或对错的直接判定。

　　首先，换个角度和想法，其实是在提醒我们不要只注重问题表面，要跳出"我"的核心，以旁观者的角度综观整个事件始末。然后，冷静分析事情为何会发展到现在这个状态，这个结果又会持续多久，如果中途断掉，又会朝什么方向发展。当然，这个旁观者可以是多角色：局外人、对方，或者自己。

　　其次，要懂得心理换位。"自私"是人的本性，尤其当利益发生冲突时，每个人都会自我维护，于是，各抒己见，互不相让，最终导致关系恶化。从心理学分析人际关系的恶化，不仅有害于心理健康，还不利于个人成长，而导致无快乐可言。所以，要避免这种事，我们就要学会站在对方立场去想。

　　比如，当上司屡次驳回你的项目调研报告时，不要满心不悦或气馁，应该想：上司这是在锻炼我的能力，有驳回就代表有问题，总比石沉大海好，看来我还有很多方面不足；当借出去的钱，对方从不提还钱时，应该想：他一定很困难，相较而言，我的日子好过多了，就当他帮我存钱了，也许有天会成为救急款；楼下等着女朋友出门，足足等了 1 小时，还不见人影，先别急着发火，要这样想：她这是要把自己打扮成仙，好吊足我胃口，带出去，我们就是一对金童玉女。

　　学会站在别人的立场看一看、想一想，很多新突破就藏在那些不同的视角里。同时，你也会获得更多回报。

想一想，这时候我们若没有换位思考，又会怎么样呢？

人与人的情绪枢纽都是相似的，也正因为相似，才会为了仅仅是鸡毛蒜皮的小事争得面红耳赤。但是，对待问题，关键是我们以什么样的角度去看去想，这将影响你我的一生。

▌放弃喜欢每个人的幻想

某在校大学生说自己的一个室友，管得很宽，而且喜欢到处说人是非，两面三刀。自己很讨厌她，但住一个寝室，又免不了打交道，难道只能一直压抑自己吗？怎么才能改变对她的看法呢？答案众说纷纭，其中一个赞量高的网友引用了高晓松的"玄学理论"，大意是：无论我们处在什么样的环境或圈子里，都会以相同的频率遇到几个不喜欢的人。即便你拉黑了一个，还会有另一个快速补位。所以，不要幻想我们遇到的每个人都是自己喜欢的。不存幻想，没有期待，就不会影响到个人情绪。

谁都期望遇到的人合心，但实际情况是，我们遇到的人不一定都是自己喜欢的。尤其在职场上，总有同事的行事风格让自己看不惯，却依然无可避免要与其共事、合作。有时就因为对方说了几句损话而火冒三丈，失去理智去辩解或互怼，结果伤了自己的心情，也失了体面。

放弃喜欢每个人的幻想。心理学家指出，和谐融洽的团队是不存在的。人的价值观不可能一致，分歧不可能停止，因此我们总会遇到难相处的人。所以，只想简单快乐的工作，不受情绪干扰，首先要大方承认人与人之间存在的差异性，接纳彼此的不同。

人生七苦当中的"怨憎会"，说的就是我们没办法避开冤家、难相处和不喜欢的人或事，于是产生了苦。但苦多源于排斥，消融于接纳。接纳自己，接纳你就是不喜欢他，也不喜欢和他共事这件事情。先接纳你就是这样一个人，尊重你目前的状况，尊重这个缘由，并尊重对方，他之所以成为这个样子，必然有因。

你讨厌他，但你并不了解和清楚有关于他曾遭遇的一切，要学会思虑和体谅每个人掩藏于身后的无可奈何。人因共情而共勉之，抵触情绪便会慢慢淡化，令我们更从容、淡定。

也许你看他不顺眼，或他看你不爽，无论哪种情况，放轻松点，你不需要去喜欢隔壁座位上那个两面三刀的人，意识到这一点，抬头不见低头见时，心理情绪也不会有太大波动。

另外，在免不了与不喜欢的人接触的过程中，我们要注意以下几点。

1. 学会尊重对方

你不喜欢的人不代表他身上没有优点和其他品质。我们不能局限于局部的认知和判断，凭潜意识想象而得出印象，这就很容易造成莫名其妙的偏见或成见。所以，对不喜欢的人，我们既不否定，也不用去证实什么。尊重对方，对其保持礼貌。尤其在职场上，要有气度和容忍量，允许人家发表不同意见，并合理听取和采纳，这才能体现一个人的专业素养。

2. 不正面冲突

当你发现自己不喜欢的人也开始对你冷淡的时候，就表示你的不喜欢太明显。无论在任何环境中，造就一个人的不喜欢，绝不是一件好事，也有可能给自己带来麻烦。所以，尽管不喜欢，也别表现出来。管好自己的表情和嘴巴，不直接交恶。若人家需要你帮忙，伸手帮一把，所谓和睦不需要过度热情，保持点头之交即可。

3. 保持距离

当你觉得怎么做都是徒劳时，就保持一段安全距离。把心思放在自己的工作上或更感兴趣的地方，不去关注一个讨厌的人的动向，学会不动声色拉开距离。或坐或站，离他远一些。如无必要，就别接触。

奇葩的人，到处有。我们不可能喜欢每一个人，就如同不是每个人都喜欢我们一样。但是，别寄希望对方会改变。想要扔掉烦恼，最简单的方法是改变自己的态度和做法。

村上春树曾说："并不是所有的鱼都生活在同一片海域。"道不同不相为谋，对不喜欢的人，没必要什么事都论出个对错，想要生活变得简单快乐，就不要跟不喜欢的人纠缠不清。

▍接纳坏情绪，然后告诉它你不需要它

张德芬在《遇见未知的自己》里提到，好情绪或坏情绪，都是一种能量，它们会来，就一定会走。试着把坏情绪写下来，比如，我很焦虑，我全心地接纳这种坏情绪，但我会放下它，不需要它。然后，每天写，每天念。不久后你会发现，你变得很轻松，那个坏情绪虽然并未消失，偶尔还会冒出来，但你不会再沉迷进去。

对坏情绪，不需要忘记或逃避，更不需要自责，要做的是接纳。

心理咨询师武志红在《感谢自己的不完美》中写着："悲伤流动就意味着，我们接受了丧失、接受了失去。悲伤的流动是需要时间的，所以巨大的失去引起巨大的悲伤，而巨大的悲伤在一定的时间内流完，悲伤也走完了自己的过程。"

所有出现的情绪，是因为被需要才会出现。让它自然存在，让它走完它该走的过程。慢慢地，它才会消失不见。所以，学会去做个不动声色的人，理性去面对自己的坏情绪，容忍它的存在，这虽然很累，却是另一种获得幸福的方式。

为什么有的人经历痛苦后，只会变得更痛苦？是因为抗拒，"抗拒的必将持续"。对已经发生的事，是不能改变的，所以

事实最大。你被坏情绪快折磨疯了，便是源于对事实的抗拒。越抗拒，情绪波动越大越持久。

王祖阳准备好一包行囊、一辆自行车，骑行去西藏旅游，可人还没到目的地，除了自行车，其余所有的东西都被偷了。站在荒无人烟的戈壁滩上，所有情绪被狂躁化、被极端化，他骂到嘴皮子裂开，恨不得立马就回家。但他依然朝着布达拉宫的方向去了。他靠着一路去借，硬是走完了接下来的路程。后来他回忆那段经历，说："虽然我很愤怒、难过，但所有的不开心都被沿途美丽的风景净化了。那段不快的经历成了我人生旅途中的一个故事，我偶尔会说起它，只是不再有那时的感觉。"

也许经历不美，也许遭遇不佳，也许情绪就在那一刻崩盘，但事已至此，你要做的不是向命运妥协，而是臣服于事实。不伪装快乐，不掩饰悲伤，让它大方地露出来，变得真切纯粹，这不会显得你无能。坦然接受事实的存在，就等于接受了坏情绪，这样你才能重新出发，得到治愈的机会会更多一些。一切的风轻云淡，源于接受后，再出发。

坏情绪的极简，实则就是接受的过程。我们常说"要控制你的情绪"，想要对情绪有控制权，首先是接纳它，纳为己有，才有资格谈控制。很多人习惯把坏情绪当成侵略者。例如，跟亲朋好友发生口角的时候，矛盾激化得越剧烈，我们越想着如何去伤害对方，于是破口大骂。可等到这件事过后，我们才发现是那么的不值得。后悔的同时，我们又会想，如果那时能克制住，也许结果就不一样了。再之后，就是各种自我埋怨："都是情绪不好惹的祸。"

坏情绪不是侵略者，因为侵略者是外来物，而坏情绪本身就潜藏在每个人体内。所以，我们必须明白这一点，坏情绪是我们自身携带的，想要克制它出没，就要意识到它的存在。随着事态朝不好的方向发展，深呼吸，对自己说"我不需要你，别出来"。什么是好心态？说白了就是对情绪的自控，让它学会不动声色。正如村上春树所说："要做个不动声色的大人，不准情绪化，不准想念，不准回头看。"

不必过度担忧

适度担忧是一种忧患意识，但过度担忧只会消耗我们的心理能量，引发各种疲惫状态。从心理学角度看，一个人越担忧什么，便越强化什么。墨菲定律亦曾写道："如果你总是担心某种情况发生，那么它就更有可能发生。"

比如，当你过十字路口时，总希望对面不要有车转弯，但就是在你即将转弯时，对面驶来了一辆车；叮嘱自己写文案时千万不要有错别字，即便校对数遍，依然有错；入睡前总提醒自己别胡思乱想，反而想得越多……似乎所有不愿发生的事，都因担忧而来。如老话说的"怕什么来什么"，弄得自己十分焦虑。其实很多问题都是因过度担忧造成的，而问题本身其实并不存在。要学会有意识地识别和面对恐惧，该来的总会来，既来之则安之，能被称作问题的问题都会有解决方法，没必要过度担忧。

当我们感觉焦虑、压力已经达到让自己患得患失的地步时，赶快抬抬头，清空大脑的思绪，别让自己沉浸其中。否则不仅会让自己陷入负面情绪中周而复始，还会延误正事。

小陈有个项目，觉得很有发展前景，值得投资。但是他一直不敢把项目报告发给上司。其实就是问个结果，"行"还是"不行"。但是他太纠结了，他觉得周六周日不能发，那是上司的私人时间。周一周二也不能发，上司肯定特别忙。周三发？那天万一上司心情不好咋办？小陈在心里默念着天时、地利、人和。直到一周时间快过去了，终于不能再拖了，他咬着牙发了过去。第二天收到上司回件："通过，大胆去做吧。"他殚精竭虑了多个日日夜夜的事情，老板几个字就把问题解决了。

很多时候，你觉得难的、想逃避的，找各种理由拖延的问题，也许只需要5分钟时间便可以解决清楚，因为大部分困难是自己臆想出来的。所以，遇到事情的时候，别再躲避或拖延，你躲得了一时却躲不了一世，想到了就去做。

一位心理学家做了个实验，他要求接受实验的人群在每个周末晚上，把未来一周的烦恼都写下来，然后投进一个大箱子里。三个星期过后，心理学家当着大家的面拆开箱子，让实验者把曾经写的烦恼念出来。结果大家发现，其中90%的烦恼从未发生过。心理学家又要求大家把烦恼再次丢进箱子里。又过了三周，当实验者们再次念起曾经的烦恼，大部分人觉得很可笑，都想不起来自己为何会把那些事情看作烦恼了。

人的大脑常会出现一些不合理的情绪思路，比如"可怕化""或许化"等。尽管事实并非如此，但我们习惯跟着情绪思路思考问题，对事实进行歪曲解读，化出一些"担心"的想法。据统计，常人的忧虑40%属于过去，50%属于未来，只有10%属于当下。并且，90%的忧虑并不会发生。

退回几年前，曾经让张硕感到忧心忡忡的事情，他担心自己买不起房子，担心找不到适合的人生伴侣，甚至担心自己的孩子出生后有什么问题。现在，再回头看这些事情，他当时的那些担心统统都很多余。他现在有房有车，有个爱撒娇的老婆，孩子都已经两周岁了，健健康康的。

如果你是个很敏感的人，特别容易焦虑，你不妨试着回想一下：上周你所担心的事，这周已经没什么问题地过去了。而这周你正在担心的问题，在下周势必也会自然而然地过去。

古人云："世上本无事，庸人自扰之"，而无知者方无畏。有恐惧心理也不是什么大事，以平常心待之即可。一件事，一个表白，不是什么难事。不必瞻前顾后，爽快点，你想得到的答案，都会以一种很平静的方式与你见面。

▍当你越努力越焦虑，最好的治愈是专注当下

一条由微信自媒体公众号"视觉志"发布的视频文章：《凌晨三点不回家：成年人的世界是你想不到的心酸》，刚发布便速度刷爆了朋友圈。视频里一个又一个的小故事描绘着北上广的凌晨依然灯火通明：加班熬夜赶项目稿件；夹在合作方和老板之间来回转；工作和家庭矛盾重重……视频内容引发无数青年共鸣，而舆论则质疑自媒体是在贩卖焦虑。可尽管"万人嘲讽"，却依然获赞"10万+"。

一直以来，我们觉得只有努力才是缓解焦虑的药方。我们正视理想和现实之间的真空，想到只有拼尽全力填平那个真空地带，焦虑才会消失，但往往事与愿违。因为越努力，反而越焦虑。

于是有人问："我已经把自己逼到退无可退的地步，为什么更痛苦了？"

管理、税法、会计、经济法、财务、计算机、英语过级……用一双手数不过来的考试已经伴随牟晓华4年了。牟晓华一直想通过那些证书来证明自己很强，可以跳到薪资更高的企业。所以，她多年来天天熬夜刷网课，做各种试题。她说："努力这么久，我却看不到回报，所以对未来很焦虑。我有时也觉得

自己很奇怪，今天争分夺秒，明天自暴自弃，这种心态让我几次濒临崩溃的边缘。"

一个人的努力，源于高目标，或者说是自我要求高。而努力，便是一个反复设立目标到实现目标的过程。但如果要求太高，你难以企及，短期内看不到任何回报，自然会痛苦。而越努力，痛苦程度就越深。你会忍不住自我怀疑，怀疑自己的能力，怀疑自己的方向。自疑就这样随着时间推移，不断加深矛盾升级，焦虑便由此而来。而越努力，痛苦程度就越深，焦虑感越激化。

关于"越努力，越焦虑"的话题，知乎平台上回答千万条，不少网友直呼"太扎心了"。

心理学教授黄亚夫先生认为，越努力越焦虑的人，往往不够专注。他说："在心理学上，幸福感，是靠投入而来的。比如说我投入了很多的心血，它无论产生什么样的结果，我都会非常认可，产生价值感。而现在有些年轻人，他们虽然努力，却不专注，他们奔着很多机会去，却没有坚持，没有投入更多的心血。所以就不会产生幸福感的质变，因此焦虑持续存在，甚至陷入恶性循环。"

我们应该给自己的努力贴上专注的标签，专注于当下自己正在攀爬的过程。虽然依然痛苦，但看着自己一点一点进步，获得感会以肉眼可及的速度提升，于是，我们虽痛却快乐着。

所以，与其追求下一秒的成功，不如专注于当下正在努力的过程。

一次采访中，记者发现让人们真正焦虑的不是"凌晨三点还在工作"的疲惫，而是"我一定更成功"的想法。

一个叫顾程程的白领说："当我看到同期毕业的同学，有的已经创业小成，有的收入可观，已经积累了相当多的财富。这越来越大的差距感，让我总是怀疑自己无能，怀疑自己入错了行业。"

俗话说："没有对比就没有伤害。"在互联网信息发达的今天，我们足不出户便能看到一个丰富多彩的世界，那些高标准也成为激励我们前进的动力。但是，物质化成功的信息只催生了我们物质化的成功观，在精神上并没有达到同期。于是，收获的幸福感就打了折扣。我们应该调整自己对成功的认知，摒弃物质性、功利性的因素。成功应体现在对美好品质地获得和实现上，如创造、信心、付出、品性等当下正在进行中的好状态。

放慢自己对成功的速度，不去对抗焦虑，才能化解焦虑。我们从小就知道"心急吃不了热豆腐"，现在也不该忘记，成功不可能一蹴而就。若我们把正在奋斗的过程看作一种收获，焦虑感自然减轻。其实，我们一直都走在成功的路上，我们只需继续沿着路线，一边欣赏一边前进，未曾偏离轨道，便无须忧患。

我们大部分的烦恼源于太想要控制那些本就控制不住的东西，对那些信手拈来的东西却视而不见，就像两条思维线，一条远思维，一条近思维。远的思维充满未知、抽象，却很美好；

近的思维真实、触手可及，却稀松平常。我们焦虑是因为经常想那些遥远的，对近处的、正在发生的却视而不见。

在《正念的奇迹》这本书中，一行禅师认为，人就要学会专注自己的每一个当下，如吃、穿、坐、卧。吃饭就是吃饭，好好感受饭菜的香味；洗碗就是洗碗，好好专注自己的每一个动作。专注于当下，包括你走路的时候，要仔细感受你经过的风景。

不少人知道乔布斯有参禅打坐的习惯。他为什么喜欢参禅打坐呢？因为参禅打坐可以让他收敛心神，静下来，把自己的全部注意力都转移到当下，这样就不会被未知的、杂七杂八的事情打扰，便于厘清产品的生产思路和发展策略。

专注于当下，才能让我们的思路更清晰，没有重负，则没有焦虑。比如，减肥、成长，都不是能够立竿见影的事。慢慢来，每天进步一点点，感受清风徐来、阳光慰暖的舒适，人一定要活得轻松快乐。别再给自己强行贴上"努力"的标签，专注眼前的事，忘掉不可预期的努力。你现在迈出去的每一步亦是努力着，好好活在有你所在的每一个"现场"就够了。

▌试着把烦恼写下来：有针对性地调整现状

人之所以容易陷入烦恼的迷障中，是因为一直没搞清楚一些关键性问题，如："我的这些情绪都是什么？""我为什么会出现这些情绪？"

有一种非常简单的练习，可以帮助你找到坏情绪的根由，并改善情绪。这个练习就是：写情绪日记。

情绪日记不是我们平时随手写下的随笔或感慨，确切地说，情绪日记下笔时要围绕着我们的感受，识别我们的情绪触发点。

一位心理咨询师曾说："当你习惯性地把自己的感受和想法记录下来，你就能对自己的情绪进行全面追踪，发现触发情绪的因素（某人或某个地方或某件事），并识别出让你产生负面情绪的信号。"

何倩最近很无精打采，她莫名感到厌烦、忧郁。于是，她准备了一支笔和一张纸，写起了日记：

下班后，走出大楼的那一瞬间，突然觉得很没意思，感觉离开工作场所，令自己失去了价值。接下来，谁会需要我呢？我很不开心，思想也跟着消极，觉得什么事都是错的。想去沙县小吃打包一份盖饭，结果关门了，退而求其次买了拉面。其实，我更想空手回家，可我却买了东西，脚步沉重地往家走。

刚回到家就接到了妈妈的电话，她说，前阵子听张阿姨儿子说，早教专家如何如何。妈妈觉得我更适合做，因为以我的水平，比他们强。而这消息更令我沮丧，觉得自己总是选错位置。心中更是恨极了自己，做什么心理咨询师，做早教不是更好吗？为何我总是和赚钱的行业擦肩而过呢？你也许觉得好笑，心理咨询师居然也如此消极？我也是普通人，有普通人的弱点和烦恼。

妈妈安慰我说，她前段时间去看我外婆，外婆问起我的情况，妈妈说我工作挺轻松的。外婆很欣慰，她说："工作不辛苦就好，其他事可以慢慢来。"大概是过去我在跨国公司又忙又累，让她担心了。听妈妈这样说，我鼻头都酸了。

不知怎么的，写到这里，我心情顺畅多了。从本质上来看，我并没有什么不开心的事。情绪上的事儿，就像台风一样突如其来，又说走就走。写第一个字的时候还乌云罩顶，现在暖阳初上了。

不论你用的是纸笔还是键盘，写日记本身就有很好的治愈效果。

首先，把烦恼写下来的行为是对情绪的一种调节方式。在对自身经历和感受记录的过程当中，我们已经从自身情绪中抽离出来，而不是深陷其中，为自己的坏情绪找爆发的理由。

其次，在写的过程当中，我们会对正在进行的事进行梳理，等于在梳理情绪。按照认知流派的情绪理论说，情绪并非由事件产生，而是由我们对事件的态度生成。

如一对情侣吵架，女孩认为自己没错，是男孩不对，这可以让女孩肯定自我的存在和价值感，而男孩平时却有做得不对的地方：忘了女友的喜好，在女友难过时不在身边，等等。女孩认为自己为男孩牺牲了青春和自由，她在什么时候对他有多好……于是越想越气，气得恨不得揍男孩一顿。

事件起因是吵架，女孩的想法是男友对不起她，引发的情绪是愤怒。

当女孩开始书写，她会从"他不理解我，从没满足过我的需求，到枉费我'那时候'对他那么好"的负面思维中慢慢走出来，渐渐进入事情的产生、发展、结尾中去。在描述的过程中，女孩会在不知不觉中有针对性地调节自己的情绪。如，偶尔良心发现下，察觉到事情也没有多糟糕，男友也有对她知寒问暖的时候。于是，女孩在感受事件中感受到了情绪，并将其整理顺当，把负面情绪宣泄了出去，尤其对男友的各种"凌迟"提升了女孩的满足感。于是，女孩的态度发生了转变，那看得见的愤怒慢慢被软化、消除。

书写其实就是倾诉。找到一个树洞，把那些不足对外人道来的情绪全部倒进去，通过疏通和发泄情绪，去调节情绪。白纸黑字的过程中，原来如洪荒猛兽的委屈或烦躁，会慢慢退化成一只绵软温顺的羊羔。从精神分析的角度论，书写还会起到升级防御的作用，让那些令自己难受的东西转化成被身心认可的东西，并且一直伴随自己的成长，形成一道道免疫系统。

当你烦恼又不知该如何是好的时候，找个安静的地方，把烦恼一一写下来。书写可以帮助我们看清问题，有时还会给我们增加自信，烦恼的事会像叶脉一样有条理，这样我们就可以有针对性地解决那些烦恼，让我们从消极状态转入积极状态。当然，有时靠书写并不能立竿见影，但是别灰心，继续写下去，尽情表达自己，文字会是最理解你的倾听者。

▌正念练习：避免陷入消沉

正念在硅谷是个热度很高的话题。如谷歌这样的大企业，上到各级高层，下到普通职工，都会常常进行正念的练习。在硅谷的企业圈里一直流行着一个说法，大概意思是：如果你拒绝练习正念，很容易被 out。如今，全美共 2000 万人把正念练习作为日常活动。

那正念究竟是什么呢？知识百科上地解释是：正念是有意识地察觉、观察事物本身。如我们的念想、情绪、身心感受，以及周围的一切。

霍秋因为工作上的挫折，变得焦虑不安。他从居住了半年的加州回到了香港，长时间旅途让他的精神和体力耗损巨大。但更痛苦的是时差问题，白日困乏疲惫，让他的身体和大脑都有些吃不消，心情更是糟糕到了极点。倒时差的疲惫感让他无法专注工作，连简单地收发邮件也因延误令他烦躁，于是他开始失眠，吃垃圾食品。

但很快霍秋意识到疲惫状态给他造成的负面影响，比如让他办事效率降低、思维迟缓、心情烦躁，他必须尽快转入正念练习。霍秋提醒自己要接受当前的状态。接下来，他知道无法再高效工作，也承认想躺床上缩着、刷剧、吃点垃圾食品。于是，他不再高度要求自己。霍秋感受着身体对垃圾食品和懒惰的心理需求，不断在心中回想这时的感受：眼皮睁不开是什么感觉？我得身体和四肢又有什么感觉？他努力把这时的情绪当成一种体验去感受，而不是抵制或清除。

他尽量让自己放松，多给自己一些关爱，满足身心的部分需求。这让他减轻了消沉和痛苦。由于当下能力受限，他就缩短目标，既然完不成策划，就先写一小部分；精力欠佳，就先回复一两个邮件。当他想吃冰激凌和汉堡时，便放纵感官去感受获得时的那份快乐，这没什么好羞愧的。冰激凌划过舌尖的冰爽香醇感是他现在最好的体味。

渐渐地，霍秋恢复到了最佳状态，他高效地完成了之前被耽搁的所有事项。

当我们在面对痛苦或挫折时，有的人会想尽办法积极去面对；有的就会深陷其中，意志消沉，甚至一蹶不振。而造成这种迥异性格的原因，是对"正念"的感知和应用度存有很大差距。

极简主义强调的断、舍、离，正是一种"正念"诉求，放下带着情绪去生活和工作的状态，以"正念"纠"正"心态，从而让我们以最佳状态，以积极的极简情绪面对自己的生活。

正念练习可以让你更好地觉知自己的负面情绪，并在觉知的同时，帮你把注意转移到当下，转移到你的每个动作、你的一颦一笑、你迈出去的每一步上，从而使你更好控制自己的情绪。

对于正念练习，我们首先要做到正念察觉。通俗解释，就是把自己放在旁观者的角度有意识地清醒地观察一切，但不要做出任何判断。想要管理好自己的情绪，就要对情绪有所了解，而察觉是第一步。例如，当你难过或者愤怒的时候，你是当下就意识到了，还是事后才有了感觉？

大部分人在愤怒的那一刻，就只有怒火，很少有人察觉自己正处在愤怒的状态。而缺少察觉，就会让我们的情绪在浑然不知的情况下喷发或积累。当意识到的时候，你已经成为情绪的傀儡，一经引爆，伤了别人后又陷入自责中。

负面情绪本身并没什么可怕的，可怕的是当它来临时我们没有感觉。因此，觉察实际是我们对自身的一种疗愈。

正念练习可以使我们变得更乐观，头脑清晰，更有智慧，它决定了我们将以什么方式回应自己的生活。比如，当上司给我们批评建议时，如果他言行激烈，而我们因为恋爱，心情很好，这事就平顺地过去了；但如果我们正因为一件糟心事心烦，上司的批评只会让我们更加烦躁、气愤。当你和爱人相处时，如果自己很自信、乐观，你们的亲密度将越来越紧密；可若你情绪不佳，看什么都不顺眼，那就会是另外一个方向。

所以，无论你是容易被孩子激怒的家长，还是因为工作时长焦虑的职员，练习情绪正念，刻不容缓，它可以帮你更好地平静和慈祥地活在当下，以积极心态处理问题。正念练习地深入，让我们在这个生活节奏越来越快，甚至令人狂躁不安的世界，寻找通往平静的道路。

第九章

饮食极简，停止做食物的奴隶

坚持七八分饱，避免摄入过多热量

多数吃货都曾这样调侃过自己："别人总能控制自己少吃一口，我却总怂恿自己还能多吃两口。"别小看这两口，胖子和瘦子的最大区别就是"多吃一口"和"少吃一口"。

有人怕糟蹋，多吃一口；有人好吃，多吃一口；有人贪吃，多吃一口……长此以往，每日的热量摄入远大于人体所需热量，危害便不请自来。

美国科学家曾做过一项实验，实验人员将两百只猴子分成两组，A组猴子每顿饭要吃超出身体所需能量的三倍食物；B组的猴子每顿饭只吃到七八分饱。

10年后，A组猴子身宽体胖且多病，死了50多只；B组猴子活泼体健，只死了12只。

15年后，A组猴子死完了；B组猴子还有40多只活着。

这项实验说明，极简饮食，吃饭只吃七八分饱，只摄取身体每日所需能量，是有利于长寿和健康的。

中国工程院院士陈君石说，他饭量不小，但从来不"贪吃"，人到中年时，体重波动也未超过5公斤。他爱吃红烧肉，每次吃过红烧肉后，会注意少食其他高热量食物，甚至不吃，同时吃一些蔬菜和水果，达到营养均衡。

陈君石说，限制热量摄入，摄取多余的食物，是目前最科学有效地避免肥胖的方式。既然想瘦，就要管住嘴。

吃什么无所谓，关键是吃到七八分饱。有一位 80 岁的王姓老先生说："现在的很多年轻人还没有我这老头子身体健康。我 50 多年来从未感冒过，体重也未曾变过，我没有高血压，也没有心脏病。"谈到自己的养生秘籍，王老先生说："我不会愧对嘴，想吃什么就吃什么，想吃肉就吃肉，我也喜欢喝酒，但是我从不傻吃，只吃到七分饱。若遇到爱吃的，吃几口就离开桌子。"

既然我们一直在强调七八分饱，那七八分饱究竟是什么感觉呢？你又如何判断自己的胃已经吃到几分饱了呢？

专家指出，"饱"这种感觉可划分为 4 个等级。

（1）五分饱：没有饿感，但依然对食物充满热情；

（2）七分饱：感觉未吃饱，但会放慢进食速度，对食物热度下降；

（3）八分饱：觉得已吃饱，但还可以再吃两口，把食物撤走也不会有所留恋；

（4）十二分饱：吃到吸口气都费劲，食物顶到嗓子眼，有种要扶墙走的感觉。

七八分饱的状态基本就是一种可吃不可吃的状态。在这时候停止进食，我们既不会感到饥饿，也控制好了热量的摄入量。

我们之所以提倡吃饭只吃七八分饱，是在保证基础能量摄取而不超标，又不会提前觉得饥饿的情况下，进一步限制食物过量，避免嘴馋吃撑带来的亚健康影响。

但是对于那些小馋猫而言，既想吃好吃的，又想减肥，可美食面前又控制不住自己，习惯性地想多吃两口，根本做不到吃到七八分时就停止，这该怎么办呢？

为此我们总结出几点简单易行的进食小诀窍，可帮助你最大限度做到七八分饱。

吃饭先喝汤。先喝汤可以减少食物的摄入量。因为汤占用胃部空间大，但汤必须清淡，如鸡蛋汤、豆浆、小米粥、面汤等。但是消化不良、胃酸分泌不足的人群不要先喝汤。水也不行，因为水排空速度太快，撑不了多久，就会有饥饿感。

细嚼慢咽。吃饭时，大脑对"吃饱了"的反应会有 5 ~ 20 分钟的延迟。而狼吞虎咽，吃下去的东西虽多，但你仍会觉得不饱。当你真正觉得不能再吃的时候，胃已经撑得鼓鼓囊囊的了。所以，吃饭一定要慢，细嚼慢咽，每口饭要咀嚼 20 次。吃饭慢，食物在口腔中碎化，人的饱腹感变强。而进食时间久，虽然吃得不多，人也会失去不停进食的欲望，从而控制好饭量。

多选择饱腹感强的食物。吃饭时，先吃粗粮和富含膳食纤维多的果蔬。少吃精白软糯和油腻的食物。可以每次饭前喝一碗杂粮粥。

快速离开餐桌。当你觉得吃得差不多的时候，就赶快离开餐桌。不要坐在那里与人聊天或刷手机。尤其迷恋食物的人，尽快挪移视线。看不见美食，人对食物的欲望就会降低。

别再打扫剩饭剩菜。盘子里的菜就剩下一口，扔掉浪费；碗里的饺子剩下两个，不吃可惜。可如果你吃了，量就多了。所以，就算真浪费了，也不要塞进嘴里。比起你的健康和身材，那点剩食真算不上什么。当然，你每次做饭炒菜的时候，少蒸点饭，菜量也要减少点。一开始把食物量做低，也是可以的。

▌无肉不欢，但也要适度而行

从春天过渡到夏天的时候，精致的小伙子又开始为了秀肌肉，小姑娘们为了露腰线而努力减肥了。可是弥漫在空气中的烤肉味，麻辣小龙虾配着扎啤的暴爽感，实在无力抵抗。于是，嘴里喊着要减肥，手里却攥着一把刚烤好的羊肉串。

对无肉不欢的人来说，没有什么问题是一碗红烧肉解决不了的，如果解决不了，就再来一碗。但顿顿吃肉，就有点可怕了。

曾有一位大火的网红吃播，他每天只吃一顿饭，饭桌上摆满了肉食，其中红烧肉、肘子、烧鸡为他最爱，所吃食物除了荤腥，没有半点果蔬。平均每两日直播一次，如此半年之后，他体重飙升到了 280 斤。

一次开播前，他因身体不适被送到了医院，经诊断确诊为脑干出血，抢救了一周，仍然没能挽回他 30 岁的生命。

爱肉如狂的人容易诱发脑萎缩，高血脂、高血压、心脑血管疾病，老年时易患阿尔茨海默病。美国哈佛大学研究员用时 6 年观察了 8 万多名女性，发现每天吃肉的人要比不吃肉的人患癌率高 2.5 倍。

所以，千万别再垂涎肉的美味而无法自拔了。再喜欢吃肉，也要合理进食。可是要怎么做才能减少肉类摄入量呢？

一位网名叫爱肉肉的孕期女士说："我这人特爱吃肉，如果一顿饭没有肉，我会很不开心。但是我怀孕后体重飙升，连医生都对我下达了死命令，要严禁进食，否则不容易自然分娩。可我总觉得不吃肉就饿得慌。我该怎么做才会长胎不长肉呢？"

这位叫爱肉肉的孕期女子一直认为自己一顿不吃肉就饿得慌。其实原因不在肉，而是对饮食偏好所致。所以，要纠正孕期爱吃肉的习惯，首先要改掉"偏食"的问题。

对孕妇而言，怀孕的中后期，禽肉蛋鱼的摄入量建议保持在 150 克到 250 克。爱吃肉没关系，顿顿有肉也没多大问题，重要的是总摄入量要控制好。孕期要达到营养均衡，不在吃得多，而是要吃得好、会吃、挑着吃。肉的摄入量要少，如果怕饿，就以粗粮和蔬菜代替。

有人说："我是被动肉食者，我的工作应酬多，跟着领导大鱼大肉的没办法。看着他们吃，我也不好意思一口不吃。你看我现在，人不仅胖了，还得了脂肪肝。"

从心理角度分析，被动肉食者并不存在，即便是为了工作，也不代表逢年过节或应付交际就要大鱼大肉，一切仍旧源于人对肉的欲望。首先，爱吃肉的人，筷子会主动伸向肉。而饭店里的肉食，色香味俱全，就更难以遏制对肉的欲望了。所以，不要把责任推卸给环境。既然已经意识到大量吃肉给自己的身体带来很多伤害，就想办法遏制自己对肉的欲望。

不妨看一看那些在朋友圈里刷到的七大姑八大姨转发的养生秘籍。那些文章里详细讲述了过量摄入精加工肉和红肉后对人体造成的危害。内容可能比你想象的更可怕一些，但若能让你如醍醐灌顶，从此加入少吃肉的队伍中，生成"早睡早起锻炼身体，温水泡枸杞"的健康意识，也是很值得的。

对于我们说，肉更是万恶之源，尿酸会随着肉的摄入而升高。但是忌口就一点肉都不吃了吗？非也。

肉类给我们人体提供的营养是其他食物无法替代的。但肉类所含嘌呤确实高，我们吃多了很可能会诱发痛风，痛苦不堪。所以，要在身体允许的情况下，适当摄入一些肉。

首先要注意选择肉的种类。多食白肉，少食红肉。猪肉、牛肉、羊肉属于红肉；鸡肉、鸭肉、鹅肉属于白肉。有研究发现，红肉会加剧痛风发作，而白肉风险性很小。同时，要尽量避免食用动物内脏，吃肉不吃皮，吃瘦肉不吃肥肉。

其次要注意肉食的烹饪方式。水煮的肉会降低嘌呤含量，大部分嘌呤都进入了汤中。尽量不要煎炸或卤肉。人们习惯用水焯一下肉，常认为这样可以去掉肉内杂质，其实也可以去除嘌呤。

最后就要控制肉的摄入量了。没有痛风的人，要适量吃肉，每天不能超过 200 克。而对于痛风患者，健康专家建议最好不要超过 100 克。当然，痛风发作的时候，不要吃肉。肉再香，也不要一次性吃完，我们可以把一天中想吃的肉量分化到一日三餐中。

加工肉最好不要吃，如火腿、肉肠、腊肉等加工肉，里面含有的盐分提高，不利于身体健康。所以，选肉一定要吃鲜肉。如果你担心自己控制不好量，在选购肉类的时候就减少购买量。

总而言之就是选择健康肉，少买，少食，不要追求量化，适度而行。

▌戒掉暴饮暴食，避免付出惨重代价

不喜欢的食物一口不吃，喜欢的食物一口气全塞肚子里；因为工作上忙顾不上吃，但忙完之后就拼命地胡吃海塞；发工资后，想吃的、爱吃的，一次吃到顶嗓子眼……很多基于病态的暴饮暴食患者，往往内心长期累积着焦虑、担忧、愤怒、抑郁等负面情绪，却又不知如何排解，于是就情不自禁选用吃的方式来宣泄。

不规律又无节制的饮食，只会加重胃的负担，对身体造成不容小觑的损伤。尤其那些对美食毫无抵抗力又担心变胖的女孩，会因为一次性摄入了过多热量，而选择暴饮暴食后催吐。可结果催吐成瘾，使身体和心理都对其产生依赖，进而对自己造成更大的伤害。

小盼坚持控制饮食3个月后，终于瘦到了理想体重。于是，她觉得自己可以放开大胆地吃各种美食了。大中午便跑去了快餐店，吃了两个汉堡、三个鸡翅和五个蛋挞。等她回到寝室后，难受得肚子要炸了，便喝了一杯温水，原本想压一压，结果喝到想吐，跑去厕所将吃进去的食物吐了个干净，一直吐到筋疲力尽。但她却发现一个诀窍：既然我可以把吃的东西都吐出来，那我以后可以想吃什么就吃什么，吃过之后再吐出来，还不用担心长肉。

基于这个疯狂的想法，小盼以为自己找到了保持体重的大绝密。从第二天开始，她陷入肆无忌惮的狂吃模式。一直吃到食物顶了嗓子眼，然后就去厕所抠吐。

两个月后，小盼的身体出现了问题：脱发掉发、心慌气短、嗓子粗哑。但她仍然控制不住自己，反反复复已持续四年之久，也因为长期催吐，她的身体已不能自主消化，吃了东西不吐就难受。每天最少吐一次，多时达三四次。因始终戒不掉催吐，她甚至想过自杀。

无论你是因为减肥还是暴饮暴食患者，都必须戒掉催吐这个坏习惯，以避免自己将来会为此付出惨重的代价。

首先，我们要树立起积极的观念，记住你没病，热爱美食没有错，我们只需要养成良好的饮食习惯就可以了。所以，请接纳目前并不完美的自己，我们可以对自己有高要求，只是对吃这件事上有一点不完美而已，不要把它看成可耻羞愧的事，大方承认自己就是想吃，热爱美食是幸福的，表示我们在这个世界上并不孤单，即便自己不完美，也是可爱的不完美。

其次，我们要循序渐进养成好的饮食习惯。心理学上有一个"白熊效应"，大意是你越强迫自己忘记什么，就越忘不掉。同理，心里越排斥暴饮暴食和催吐，越容易陷入循环中反复。事实上，我们要做的不是拒绝暴食和催吐，而是正确看待自己和食物的关系，在心理上建设食物极简概念：我想吃，我也爱吃，美食让我快乐，我应该学会享受吃的过程，感受冰激凌在嘴里慢慢融化的香醇感。所以，让自己慢下来，体味美食最真实的味道。

请接受自己爱吃这件事，然后告诉自己，要享受吃的过程，慢下来细细咀嚼，感受食物的美感。当然，循序渐进最关键，一口气吃不成一个胖子，慢食一天也无法立刻成为一个瘦子。一个好习惯地养成需要至少三个月的时间，或者更久一点，但是为了我们的健康和美好生活，也请务必坚持。

不必刻意规避高热量食物，而是少吃。比如，喜欢吃面包，就把大个头儿吐司变成小个头儿，大杯奶茶变成小杯的。也许一开始不能满足，但慢慢地就会适应。

▌饮食清淡，在原味中品味臻美

红油火锅、香辣烤鱼、爆椒小龙虾、怪味豆腐、酸菜炒肥肠、巧克力蛋糕……这些非爆辣即高盐，或重糖的食物，在极度刺激我们味蕾的同时，也加快了多巴胺的分泌，使人快乐甚至兴奋，以至胃口大开。而长期受"重口味"调料的刺激，人的味觉会逐渐减退，味蕾变得没那么敏锐，正常程度的咸、甜、辣等调料无法再满足我们，今后也只会越吃越咸，越来越重口味。

在饮食上习惯了"重口味"的人，往往深陷其中而难以自拔，毕竟口味越重才越能满足他们的食欲，大大激发他们进食的快感。

但是，重口味不仅降低了人们对食材本真原味的感受，还会在人的身体里埋下大隐患，天知道那些"重口味"满足我们的感官和爽嗨的同时，又让我们的身体经历着什么？重口味的食物会让我们在无形中摄入过多的钠、糖分和油脂，不单单只是变胖、变笨那么简单，甚至诱发高血压、心脏病等高危病症风险。

所以，从现在开始，停止被"重口味"奴役，从清淡饮食开始吧。

所谓清淡饮食，指的是要少盐、少油、少糖、不添辣，将口味尽可能简化清淡，如清蒸鲜鱼。清淡饮食可以让我们品尝到食物最本真的味道。从营养学角度来说，保持食物原汁原味，就等于最大限度保留了食材的营养成分。

去医院看病的时候，主治大夫总会千叮咛万嘱咐地说："回家尽量吃清淡些，少吃大鱼大肉，油腻的、辛辣的、太咸的都不要吃，甜的也要忌口。"其实清淡饮食对身体的好处，是我们从小就听到大的观念，只不过受"重口味"诱惑，把它淡忘了。

有些人偶尔会选择清淡饮食，比如每当过年的时候，忍不住大鱼大肉，如最爱的剁椒鱼头、麻婆豆腐、红烧肉等，总之会吃吃喝喝大半个月。等年味儿过去了，就开始嚷嚷着："吃清淡些吧！""不能天天这么油腻啊！"于是，小米粥配咸菜；水煮蔬菜，不放油不放盐；或完全以素为主。尤其是那些马上要奔赴工作岗位的姑娘们，甚至一天只喝三碗粥。

这就是饮食清淡了？简直是大错特错的示范。吃清淡点本没有错，但是对清淡饮食的错误理解，不仅不会达到你想节后减肥的期望，还会对身体造成额外损伤。

最好的健康饮食方式的确是"清淡饮食"，但这并不表示我们要日日清粥配咸菜。所谓清淡饮食，是既要达到膳食均衡、食物营养不流失，又要保证口味清淡。简单点的话，我们可以从三个方向出发，做到清淡饮食。

大家都知道清淡口味从少添加调料开始，但你可清楚添加多少才算少吗？

（1）少油

油炸食物外焦里嫩，香气十足，但高油意味着高热量，吃多了容易发胖，或引发慢性疾病。

《中国居民平衡膳食指南》建议，我们每天的食油量最好控制在 25 克到 30 克。如果你不确定自家勺子一勺下去是多少克，可以使用带刻度的油壶。

（2）少糖

糖过量，伤脾、伤肝、伤胃，因为长期吃糖过量引发糖尿病的人不在少数。所以，无论是成年人还是孩子，每天吃的糖不要超过两小勺。

（3）少盐

很多人吃东西觉得寡之无味，但太咸了会加重肾脏负担。而前面内容提到，食用盐过量容易增加患癌风险。而世卫组织建议成年人每日盐摄入量保持在 6 克以内。

举个例子，一袋盐的重量如果是 500 克，按三口之家来算，这包盐应该吃 27 天。若时间不到就吃完了，说明盐量吃超了，必须限盐。

除了食用盐，别忘了还有加工盐。那些隐藏在零食里的盐，如薯片、虾条、饼干等零食中都是含有盐的，且含量都很高。所以，购买零食时，一定要注意看外包装中"钠"的含量。

有人担心，少了咸甜香辣，岂不食之无味？其实只有咸甜香辣才是真正的食之无味。天下食材千万种，味道各有不同。少了香精、油、盐、辣地遮盖，萦绕在我们舌尖舞动得是食材最本真的鲜美之味。细细品味之下你会发现，杂粮越咀嚼越香甜、蔬菜清脆汁润、豆乳奶香滑舌、肉稚嫩而不腻口……原食材的臻美原味虽不及香精那般刺激味蕾，却让我们身心感觉舒适轻盈。

一位五十年如一日坚持清淡饮食的张女士说："我从不挑食，什么食物都吃，但我讨厌在苹果上放沙拉酱，那让我觉得自己吃的是假苹果。吃鱼的时候，人们习惯说'咸鱼寡肉'，鱼汤咸得呛嗓子，鱼才能入味。但我只放一点盐，那样鱼肉吃起来才鲜美，鱼汤也能直接入口。如今我80岁了，可人人都说我像50岁的，这大概是我这辈子做得最正确的一件事。"

中国农业大学的范志红教授主研营养与食品安全，她在饮食方面一直追求简化，以回归食材本真，保持食材自然性为主。范志红教授认为，食物不可做得肥甘厚味，更不要对食材进行各种深加工，尽可能保持食材原味，才能品味到其臻美。

俗话说："大道至简"，让食物保持它的原汁原味，才是我们该追求的美食之旅。

▌抛弃复杂的烹饪方法

现在的年轻人很忙，忙得没有时间烹饪饭食，吃得自然不是很健康。所以，学会简单快速的烹饪方法，才可以拯救日理万机下我们亏欠了无数次的身体。

世界著名的烹饪大师博古斯出生在一个厨师家庭，所以他从小就对烹饪耳濡目染。成年后的博古斯拜了几位名厨为师，开始认认真真学习厨艺。

当年，博古斯在费尔南·普安的餐厅里做学徒时，最让他新奇的是老板娘那随手而写的菜谱，没有一天重样。而不重样的原因，是根据弗尔南当天购买的食材而制定的。这种做法，让博古斯倍感新奇。过去传统的烹饪风格都非常复杂，一道菜要用上好几道工序，有时花费 3 小时才做出一道菜品，菜上往往盖着一层厚厚的酱汁，不仅耗时，还吃不出菜的味道。

受费尔南的影响，博古斯开创出了属于自己的烹饪方法，他去掉了繁重复杂的加工，只注重保持菜品的原汁原味，让食物以最简便的方式烹熟，维持口感上的清淡、新鲜。

后来博古斯继承了他父亲的餐厅。多年后，他成了世界上最负盛名的烹饪大师之一。那时的著名美食家亨利·高尔特并不相信这个新式烹饪法有多厉害，便持着怀疑态度去博古斯餐厅品评。原以为要等上半日，结果不出一刻钟，博古斯就给亨利·高尔特上了菜，一盘用水煮过的青刀豆。那还是他早晨在菜园里随手摘来的。煮过之后，只放了少许橄榄油、食盐和小葱作调制。大概没人会对一盘绿油油的豆子抱多大希望，亨利·高尔特当然也这样想。但是当他吃了一口后，大叫意外。他吃过的美食千千万，却没有一种像这盘青刀豆般给他带来了前所未有的清新感。

烹饪方法越简化，烹饪时间越短，而烹饪出的佳肴不仅美味，还健康。这般简便的烹饪方法无疑是上班族的一大福音。烹饪极简是极简主义者最享受得一种生活方式，他们最喜欢用蒸、煮、微波、水炒或清焖等方式烹饪食材。而微波炉是大多数极简者做食物时使用率最高的。

如此，便来说一说微波炉地做菜大法。其实真的非常简单，就是把洗干净的食材包上厨房用纸后，放进微波炉里，等熟了取出来直接放少许调料即可食用。

就用人们常吃的土豆、西兰花、胡萝卜举例。

首先，把土豆洗净切块、西兰花掰开洗净、胡萝卜洗净切块，这些工序3分钟搞定。

其次，把它们裹上打湿的厨房用纸，放在可以微波炉加热的盘子上，然后包裹严实，放进微波炉中烤熟，最多需要5分钟，食物便熟透了。

最后，取出食物，撒上少许黑胡椒盐，也可以撒些碎海苔，按照你喜欢的口味调制。一顿健康的美食就这样简单做好了。

感觉是不是既清淡又蛮清新的？

其实大部分食材都可以选用蒸烤的方式，然后放上自己喜欢的调味料，做起来简单，吃起来美味。若你不信，大可以试试。不过，第一次尝试，往往会因为选用的调味料不对，影响口感，或者因为平时口味太重，突然变轻，有点不适应。不过好的饮食习惯是可以慢慢养成的。

再比如健身者都爱的红薯和鸡胸肉。选一个中等大小的红薯，洗净后直接用打湿的厨房用纸包好，用打湿的厨房用纸是为了锁住水分，然后放进微波炉中。5 分钟，香甜软糯的红薯就熟透了。

鸡胸肉同样用打湿的厨房用纸包裹好，放入微波炉中，烤 3 分钟，致八分熟时取出。然后放平底锅中，撒少许盐、黑胡椒，刷上一层薄油，煎至两面金黄，香喷喷的鸡排便可以出锅了。

做好一餐，最多只需一刻钟的时间，省时，省事，又健康。

当然，每天要保持 500 克蔬菜的食用量，如果你觉得红薯和鸡肉够吃了，蔬菜就放到下一餐中。灵活点，只要保持好膳食均衡，不用计较一天里先吃什么后吃什么。

除了用微波炉可以简化烹饪，还可以用炒锅和汤锅。用炒锅炒一道番茄鸡蛋，仅需 5 分钟；用汤锅熬白水蛋花汤，放上一些细面，也只需 10 分钟。又是美味简单的一餐。

有人说："我就想做一道菜，有汤、有肉、有蔬菜，一锅出，怎么简化又美味呢？"

不如来份中式沙拉汤：香菇切块儿、胡萝卜切块儿、四季豆切段儿、小油菜切丝，把这些放进一个碗里，诸如少许水，表面打一个鸡蛋，放到微波炉中。然后把鸡肉也放微波炉中烤熟。取出后，将鸡肉切碎放进汤中，淋上一勺生抽、一勺醋、一勺红油。你看，什么都有了，而且你可以根据自己的口味选不同的蔬菜。但要记住一个原则，碗里要有蔬菜、碳水化合物和白肉。

极简主义对美食极简的总结也是相当极简的，便是简单易得的食材加上轻松简化的烹饪方式，尽可能保留食物本身的味道。当然，要以素食为主，肉类为辅。

当你下定决心极简饮食，在家中吃饭就变成了一件特别轻松愉悦的事，最主要的还是吃得好、吃得健康、吃得毫不费力。要把食材做成美味，又要做出美丽的样子，一定会花些心思，但这些心思就是简单地蒸、煮、凉拌、清炒。炸就放弃吧，虽然可以提高食物口感，但油量把控不好，就成了高热量的油炸食品。

倘若你常常烦恼不知每顿饭该吃些什么，就提前制定好一周的食谱，写好每天早中晚的吃食，然后提前买好前三日需要的食材，一周用的食材不太好放置，容易萎蔫或烂掉，所以，先买好前三天的便可。如此一来，顿顿饭一目了然。最后，就是将那些复杂的烹饪方法统统丢掉，选择最简单并且容易操作的烹饪方法。

远离各种饮料，喝白水更健康

碳酸饮料中含有的"碳酸气"，使饮料具有一种特殊的风味。夏天一到，碳酸饮料几乎是冰箱里的常客，谁在吃烤肉或火锅时，不想来一杯冰爽过瘾的冷饮呢？但是你可知道，碳酸饮料的主要成分除了糖、色素、香料、碳酸水外，什么营养成分都没有。而它们对健康的种种危害，是你始料不及的。

研究发现，无论饮料中含不含糖，只要一天内喝了两瓶或两瓶以上，患肾病地风险就会增加两倍；碳酸饮品中含有磷酸，摄入磷酸过量，会妨碍钙的吸收，如果从小到大喝过多饮料，成年后患骨质疏松的年龄会提前；特别甜的饮料中，自然含高浓度糖，而吃糖过量与吃毒无异，最直接的反应虽是发胖，但随着年龄增长，会诱发各种慢性疾病，如"三高"、糖尿病。最可怕的还是增加了患癌症概率，有研究发现，长期喝碳酸饮料的人，食管癌发病率远高于其他人。

此外，饮料中含有大量色素、添加剂和防腐剂等物质，这些东西在体内被代谢时，会带走大量水分，而且碳酸饮料中含有的咖啡因有利尿作用。所以，喝饮料只是一时爽，但只会越喝越渴。想要健康，就把饮料变成白水。

坚持喝白水的人，不仅可以提高免疫力，让肌肤保持水嫩，还有助于保持好的身体。比如饭前喝一杯水，会占去胃部部分空间，减少饥饿，增加饱腹感，也会抵消一些食欲。所以，坚持喝水，饭前一杯水，是可以帮助我们减肥的。

既然喝水有这么多好处，那白开水、矿泉水、蒸馏水、纯净水，这些水哪个更适合做长期饮用水呢？我们喝水的目的是给身体补充水分，这四种水并没有太大的区别。

有人可能想问："这些水含有的微量元素或者矿物质都不同，怎么可能喝哪个都一样？"

虽然矿泉水中确实含有一定量的矿物质，但是指望喝水来补充矿物质，是远远达不到要求的。

比如，以某牌矿泉水为例，它的元素表中写着钙含量 4mg/L，按照一天喝两升水算，摄入的钙也只有 8mg。而专家推荐人体每日摄钙量要在 800mg 左右，喝两升水摄入的钙也只有 1%，还不如一口牛奶中的钙含量。

所以，矿物质虽好，但别寄希望于喝水来摄取，而且矿泉水中的矿物质究竟对人体的健康究竟起到多大作用，尚未明确。

纯净水中是不含任何微量元素的，所以曾经一度有"喝纯净水会导致营养流失"的说法。但是我们喝水的目的是给身体补充水分，而不是为补充营养才去喝。没人能靠喝水来补充身体缺失的微量元素。

归根结底，无论你喝的是白开水、纯净水、矿泉水、蒸馏水里的哪种水都不是重点，重点是一要安全，二要够量。

在温和的气候环境下，年轻有活力的人每天需补充 1500 ~ 1700 毫升的水。用一次性纸杯来算的话，大概是 7 ~ 8 杯，这便是江湖中传说的"每天 8 杯水"的由来。

不过不要太计较"8 杯水"这个准则。比如在高温环境中或大量运动后，要适当增加饮水量。

喝水也是有文化有讲究的。比如，人们提倡早晨空腹喝水。头一天晚上摄入体内的食物经过一夜的分解代谢，会产生一些对身体有害的毒素。清晨空腹喝一杯水，帮助身体快速把毒素排出体外。而且经过七八个小时睡眠，人体内水分大量流失，血液变得黏稠，给心绞痛、心肌梗死等心脏血液供血不足的突发病症创造了概率。清晨空腹喝水，在补充水分的同时，也会降低血液黏稠度，为生命开通绿色通道。

但喝水切记渴了再喝，最好每隔一小时喝一杯水（约 250 毫升）。喝水的时候不要大口吞咽，因为喝水太急，会同时吞下大量空气，容易引起腹胀或打嗝。喝水要先含在嘴里一小口，然后慢慢咽下去。尤其对肠胃功能较弱的人，喝水要做到柔而慢。

饮食极简，寻的便是返璞归真之道，普通至极的水才是我们该珍惜的顶级饮品。健康、长寿、美丽的秘方，更用不着去奢求，它就在你身边，触手可及的杯中。现在，转移自己的视线，放弃各种饮品置满冰箱的念头，你只需对售货员说一句"一瓶水，谢谢"就够了。

▌轻断食，让你健康地瘦下来

身材好的人常说："减肥还不简单？只要'管住嘴，迈开腿'绝对能瘦。"可对胖子来说，跑步锻炼、针灸按穴、长期少吃或节食不仅没效果，反而让自己变得更没信心。到底怎样才能瘦下来？

其实想瘦，真的不用这么纠结。有一种叫"轻断食"的方法，可以让人在毫无压力的情况下，轻松愉悦地瘦下来。早在 2012 年英国就已兴起了"轻断食"的瘦身方式，并迅速风靡全球。

起初有人说："轻断食肯定就是挨饿，和节食减肥一个意思，肯定不健康。"

轻断食是非常科学的减肥方式。它最早流传于佛教僧侣和瑜伽修行者中。你应该有所发现，那些老僧和瑜伽大师不仅精瘦，还精力充沛，而且长寿，终生无大病史。

《轻断食》的作者麦克尔·莫斯利医生总结出一套非常简单的"轻断食"减肥方案：一周中，5 天正常饮食，挑出不连续的 2 天，将饮食分量缩减到平时的 25%（平时的 1/4），且不吃午餐。实施轻断食的人，一周内体重就会发生明显变化，同时会感觉身体轻盈。

在轻断食的那 5 天正常饮食中，你可以随便吃，想吃什么就吃什么，除了不要吃撑，那些蛋糕、饼干、薯条等，都可以吃。这种没有心理负担的减肥方法，自然更受欢迎。轻断食的瘦身方法在名人和明星圈里非常受欢迎，很多明星大咖都在坚持用轻断食法保持身材。章子怡说："轻断食是一种自然的健身、瘦身方法，在欧美很流行，我自己也在用。"

著名作家张德芬说："断食断绝了浮躁、欲念和一切世俗的污浊，能修炼人心，获得内心安宁的力量，达到人生通达的境界。"

英国凯特王妃也是轻断食的忠粉，她说："我确实在用轻断食保持身材，也谢谢它产后帮我恢复身材！"

《神探夏洛克》的主演本尼迪克特·康伯巴奇曾说："为了神探夏洛克，我正在轻断食，那也是必须做的。"

比起忍饥挨饿、疯狂锻炼，甚至通过药物的方式去惩罚自己的身和心。轻断食将治愈我们长久以来因减肥而遭受的所有磨难和焦虑。

当然，用轻断食减肥瘦身只是我们达成所愿的第一步。在轻断食健康、自然、科学的饮食规律下，我们的身心也将得到调节。在轻断食的过程中，你会发现自己对食物不再充满贪欲，看万物的心态也越来越平淡。在放下贪欲的那一刻，我们不仅瘦了，还获得了心灵的自由和解脱。

轻断食绝对值得一试，但是别急，在进行轻断食之前，也是需要做一点点准备。

首先，给我们的心灵减负。认真想一想，你为什么控制不住对食物的欲望？是因为饥饿还是因为嘴馋？除了饥饿和嘴馋，有时我们是因为空虚才不停地吃。看到桌子上放着一袋饼干，随手就拿起来吃掉。在体会不到饥饿的时候，我们就已经因为吃变成了胖子。

所以，请在轻断食前给自己的身心下个温馨的指令：我打算与食物分开两日，我要用这样的方式排清体内的毒素和垃圾，轻断食会减轻我身体的负荷，让我得身体和心灵获得自由和轻松。

这个指令本身就会减轻我们一半的心理负荷，从而轻松愉快地接受"轻断食"。

其次，为自己精心准备轻断食那两日的食材。轻断食的那两日，我们只吃平日食量的25%。所以，尽可能高营养。如，选择一些坚果和杂粮；水果不限，想提高饱腹感，可以榨成果泥；可以适当喝些花茶或果茶；零食也可以备一些，但不要选含有加工糖的食物；银耳是必须推荐的食材，因为银耳对女性有很强的滋补功效，比起昂贵的燕窝、雪蛤，银耳比较平和，适合长期食用。

如果你还是不太确定轻断食那两日该吃些什么以保证不超量。以下为你推荐几套食谱。

1.早餐：两片苏打饼干，半个苹果；晚餐：芹菜、胡萝卜、洋葱混合炒。

2.早餐：杂粮粥半碗，核桃一颗；晚餐：小青菜、蘑菇片清炒。

3.早餐：燕麦面包一片，一个水煮蛋；晚餐：番茄蛋花汤。

4.早餐：半个杂粮馒头、一杯鲜榨豆浆；晚餐：一杯酸奶、半碗燕麦粥。

……

轻断食三周后，你会发现过去鼓鼓囊囊的肚子收进去不少，脸上堆积出坑的面皮紧致平滑了很多，气色也渐渐变好。轻断食，是让我们给不断囤积食物的身体放了个假，让身体得到充分休息和调节，在减肥的同时，排污去浊。